KBS TV에 출연한 저자의 사업풍수 인테리어비법!

돈이 들어오는 가게 돈이 나가는 가게

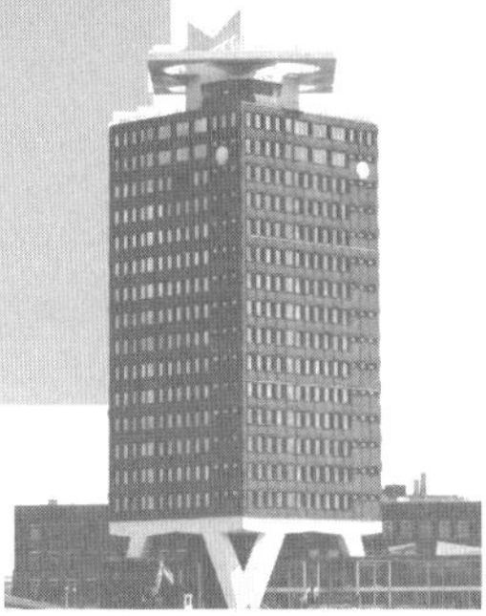

정암 김종철의 사업풍수 이야기

새로 사업을 시작하는 사람과 장사가 잘 안되는 사람들이 꼭 필요한

실내 인테리어, 사무실, 점포, 병원, 영업소
– 사장, 카운터, 경리 등 길한 위치 정하기

늘푸른소나무

靜菴 金鍾喆

약력
- ▶ 1931년 江原道 原州 出生
- ▶ 河南 張龍得 先生 學問 傳受
- ▶ 韓國日報 文化 센타 (風水 硏究班 講師 10年)
- ▶ 東亞日報 文化 센타 (風水 講師 10年)
- ▶ 中央 大學校 建設 大學院 (風水 講師 5年)
- ▶ 淸州 西原 大學校 (1999년 風水 講師)
- ▶ 高麗 手指鍼 學會 (風水 講義 20年)
- ▶ 社團法人 韓國 自然 地理 協會 理事

저서
- ▶ 1986년 明堂入門 出刊 ▶ 1990년 明堂要決 出刊 ▶ 1995년 명당 백문백답 出刊 ▶ 1995년 明堂과 吉地 만화 出刊
- ▶ 1996년 실전 풍수 인테리어 1,2,3권 만화 출간 ▶ 2003년 주택풍수 인테리어 ▶ 2003년 사업풍수 인테리어
- ▶ 2005년 풍수답산기 ▶ 2005년 신 명당요결

돈이 들어오는 가게
돈이 나가는 가게

초판1쇄 찍은 날 | 2012년 4월 20일
초판1쇄 펴낸 날 | 2012년 4월 25일

지은이 | 金鍾喆
펴낸이 | 곽선구
펴낸곳 | 늘푸른소나무

출판등록 | 1997년11월3일 제 307-2011-67
주소 | 서울시 성북구 보문동7가 80-1
전화 | 02-3143-6763
팩스 | 02-3143-6742
이메일 | ksc6864@naver.com

ISBN 978-89-97558-05-6 13180

※ 저자와의 협의에 따라 인지는 붙이지 않습니다.
※ 잘못된 책은 꼭 바꾸어 드립니다.
※ 책값은 뒤표지에 있습니다.

머리말

인테리어(저술된 내용)

① 사업 풍수 인테리어는 각 내부의 "인테리어"인데 주목적(主目的)은 주인(主人) 또는 사장(社長)자리를 정하는데 동서사택(東西舍宅)간의 복가(福家) 배치가 되는 이치(理致)와 이하 중요 직책자들의 책상 배치에 제반사(諸般事)에 '인테리어' 공식(公式)이 저술(著述) 되었다.

② 동사택(東舍宅) 서사택(西舍宅)의 구별(區別)을 주역8괘(周易八卦)를 이용하는데 이번 저서(著書)는 8 x 8=64괘(卦)가 각 업소·상점·회사 사무실을 그려서 각기 길흉화복(吉凶禍福)을 각기 해설하였다.

③ 대소 사무실 각 업체 종목에 따라 주인자리를 정하는 이치(理致)가 각기 다르다 책을 끝까지 읽어본 후에 자기업체에 알맞은 주인자리를 택해야 할 것이다.

④ 주의할 점

  좋은 사무실로 "인테리어"를 하자면 사무실을 임대할 때부터 자기업체에 알맞은 인테리어를 할 수 있는 곳을 얻어야 할 것이다.
· 출입문(出入門)은 양문(陽門)이어야 길(吉)하다.
· 문(門)은 그 회사 귀(貴)의 상징(象徵)이다. 다시 말하면 대문처(大門處)가 잘 청소가 되어야 귀(貴)한 일이나 영업의 발전이 된다는 뜻이다.

2012년 4월 25일
靜菴 金鍾喆

차례

머리말 ································ 12

제 1 장 • ①번 門에 – 7개 방향 해설 ·············· 21

(1) ①번 門 – ②번 主 = 책상배치의 묘법 ·········· 22
(2) ①번 門 – ②번 主 = 재배치 이해 ·············· 28
(3) ①번 門 – ③번 主 = 반짝하는 성공배치 ·········· 36
(4) ①번 門 – ③번 主 = 반짝하는 발복도 시효가 있다 ·· 38
(5) ①번 門 – ③번 主 = 발복의 추리공식 ·········· 40
(6) ①번 門 – ③번 主 = 재배치의 요령 ············ 46
(7) ①번 門 – ③번 主 = 동 · 서사택의 이해 ·········· 52
(8) ①번 門 – ③번 主 = 배치 및 방향의 이해 ········ 56
(9) ①번 門 – ③번 主 = 상무위치는 개성이 강한 배치 ·· 60
(10) ①번 門 – ③번 主 = 신장개업의 특수배치법 ····· 64
(11) ①번 門 – [4]번 主 = 흉가배치의 길흉화복 ······· 68
(12) ①번 門 – [5]번 主 = 흉가배치의 길흉화복 ······· 70
(13) ①번 門 – ⑧번 主 = 복가배치의 이해 ··········· 72
(14) ①번 門 – [9]번 主 = 흉가배치의 길흉화복 ······· 74
(15) ①번 門 – [10]번 主 = 흉가배치의 길흉화복 ······· 82

제 2 장 • ②번 門에 – 7개 방향 해설 ·············· 85
(1) ②번 門 – ①번 主 = 복가배치의 길흉화복 ········ 86
(2) ②번 門 – ②번 主 = "복가"배치의 문답 ·········· 90
(3) ②번 門 – ③번 主 = 사장위치에 흥망성쇠 ········ 92
(4) ②번 門 – ③번 主 = 새로 소기업을 개업할 때 ···· 94
(5) ②번 門 – [4] 번 主 = 사장자리 길한 재배치 ····· 106
(6) ②번 門 – [5] 번 主 = 흉가배치의 길흉화복 ······ 110
(7) ②번 門 – ⑧번 主 = ⑧③①번에 사장배치의 이해 · 114
(8) ②번 門 – [9]번 主 = [4] [5] [10]번에 사장 위치 길흉 · 120
(9) ②번 門 – [10]번 主 = 길한 카운터 자리 배치론 ··· 126

제 3 장 • ③번 門에 – 7개 방향 해설 ············ 129
(1) ③번 門 – ①번 主 = 재배치의 요령 ············ 130
(2) ③번 門 – ②번 主 = 속발배치법 ·············· 134
(3) ③번 門 – ②번 主 = 상무와 경리의 길한 배치 ··· 136
(4) ③번 門 – ②번 主 = 동 · 서사택의 재복습 ······· 140
(5) ③번 門 – ②번 主 = 회사 · 집의 길한배치 ····· 148
(6) ③번 門 – [4]번主 = 금극목의 흉가배치 ········· 150
(7) ③번 門 – [5]번 사장자리 ···················· 152
(8) ③번 門 – ⑧번 主 = 사장 · 경리자리의 재배치 ·· 156
(9) ③번 門 – [9]번 主 = 이해가 잘못된 배치 ······· 160
(10) ③번 門 – [10]번 主 = 동 · 서사택의 이해가 부족한 배치 · 164

제 4 장 • 4번 門에 - 7개 방향 해설 ········ 169
(1) 4번 門 - ①번 主 = 흉가배치 길흉화복 ······ 170
(2) 4번 門 - ②번 主 = 칸막이 하고 사장배치 ···· 174
(3) 4번 門 - ③번 主 = 칸막이 후 사장배치의 묘리 · 176
(4) 4번 門 - 5번 主 = 각 방향별 이해가 다르다 ·· 178
(5) 4번 門 - ⑧번 主 = 칸막이 있는 공간의 패철위치 · 180
(6) 4번 門 - 9번 主 = 길한 배치의 신선당(神仙堂) · 182
(7) 4번 門 - 10번 主 = 업체, 종목에 맞추어 배치 ·· 188

제 5 장 • 5번 門에 - 7개 방향 이해 ·········· 191
(1) 5번 門 - ①번 主 = 흉가배치 각 방향의 길흉 ·· 192
(2) 5번 門 - ②번 主 = 흉가배치에 길한 배치를 찾자 · 196
(3) 5번 門 - ③번 主 = 각 방향 번호별 길흉론 ···· 200
(4) 5번 門 - 4번 主 = 종목별로 길한 배치 ······ 206
(5) 5번 門 - ⑧번 主 = 각 번호 방향의 문답 ······ 212
(6) 5번 門 - 9번 主 = 복가 배치의 정석 ········ 216
(7) 5번 門 - 10번 主 = 복가 배치의 묘한 이치 ···· 218

제 6 장 • ⑧번 門에 – 7개 방향 해설 ············ 221
(1) ⑧번 門 – ①번 主 = 인테리어 공식법 ········· 222
(2) ⑧번 門 – ②번 主 = 복가 배치의 길흉화복론 ··· 226
(3) ⑧번 門 – ③번 主 = 각 방향의 길흉 문답 ······ 230
(4) ⑧번 門 – [4]번 主 = 금극목 차 사고의 이치 ···· 232
(5) ⑧번 門 – [5]번 主 = 각 방향의 문답과 길흉론 ··· 236
(6) ⑧번 門 – [9]번 主 = 한의원의 길한 재배치 ····· 240
(7) ⑧번 門 – [9]번 主 = 길한 재배치 ············· 242
(8) ⑧번 門 – [10]번 主 = 소기업 공장 흉가배치 ····· 244
(9) ⑧번 門 – [10]번 主 = 길한 재수 재배치 ········· 248

제 7 장 • [9]번 門에 – 7개 방향 해설 ············ 251
(1) [9]번 門 – ①번 主 = 흉가 각 번호별 이해론 ··· 252
(2) [9]번 門 – ②번 主 = 주인의 바른 위치는 어디? 256
(3) [9]번 門 – ③번 主 = 복가 배치의 정법 ······· 260
(4) [9]번 門 – [4]번 主 = 학원 건물의 인테리어 ···· 264
(5) [9]번 門 – [5]번 主 = 한의원의 기본 배치법 ···· 270
(6) [9]번 門 – ⑧번 主 = 소기업 사장자리 배치법 ·· 274
(7) [9]번 門 – [10]번 主 = 대기업으로 진출하는 배치법 · 282
(8) [9]번 門 – [10]번 主 = 한의원 길한 배치법 ······ 286

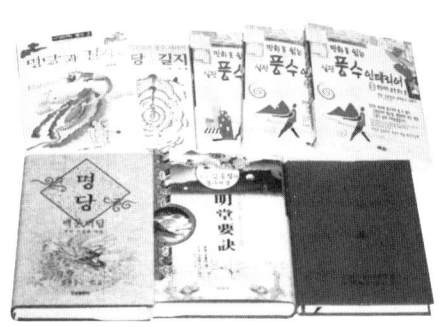

제 8 장 • 10번 門에 - 7개 방향 해설 ············ 289
(1) 10번 門 - ①번 主 = 소규모 의원 배치 ········ 290
(2) 10번 門 - ①번 主 = 길한 재배치 ············ 292
(3) 10번 門 - ②번 主 = 흉가 구조 ············· 296
(4) 10번 門 - ②번 主 = 복가 배치의 요령 ········ 298
(5) 10번 門 - ③번 主 = 흉가 배치를 길한 배치로 개수 300
(6) 10번 門 - 4번 主 = 건물의 흉상 ············ 302
(7) 10번 門 - 5번 主 = 복가 배치, 각 방향 길흉론 · 304
(8) 10번 門 - 8번 主 = 이비인후과 배치의 요령 ··· 308
(9) 10번 門 - 9번 主 = 복가 배치의 길흉론 ······ 312

제 1 장

①번 門에 – 7개 방향 해설

(1) ①번 門 – ②번 主 = 책상배치의 묘법

(2) ①번 門 – ②번 主 = 재배치 이해

(3) ①번 門 – ③번 主 = 반짝하는 성공배치

(4) ①번 門 – ③번 主 = 반짝하는 발복도 시효가 있다.

(5) ①번 門 – ③번 主 = 발복의 추리공식

(6) ①번 門 – ③번 主 = 재배치의 요령

(7) ①번 門 – ③번 主 = 동 · 서사택의 이해

(8) ①번 門 – ③번 主 = 배치 및 방향의 이해

(9) ①번 門 – ③번 主 = 상무위치는 개성이 강한 배치

(10) ①번 門 – ③번 主 = 신장개업의 특수배치법

(11) ①번 門 – [4]번 主 = 흉가배치의 길흉화복

(12) ①번 門 – [5]번 主 = 흉가배치의 길흉화복

(13) ①번 門 – ⑧번 主 = 복가배치의 이해

(14) ①번 門 – [9]번 主 = 흉가배치의 길흉화복

(15) ①번 門 – [10]번 主 = 흉가배치의 길흉화복

(1) ①번 門 - ②번 사장자리

★ 사장 책상 배치의 묘법

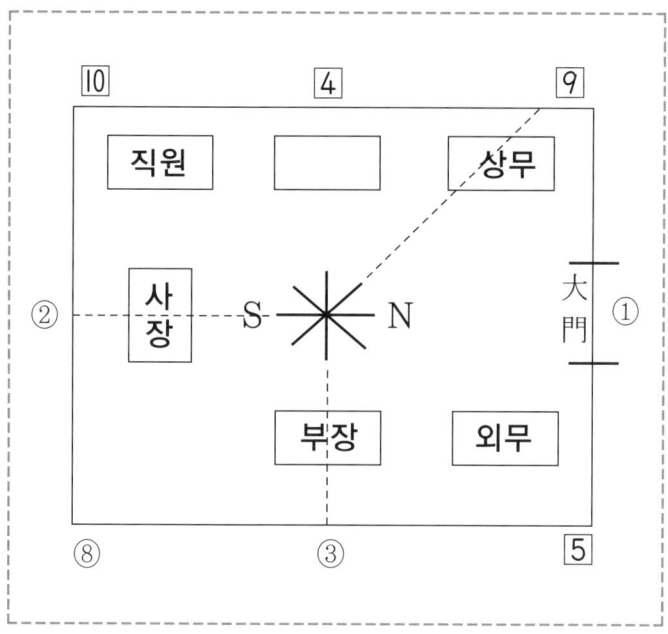

※ 북쪽 (①번) 출입문에 남쪽(②번)에 사장 자리는 복가(福家) 배치(配置)가 되었다.

문 : 여기서 상무, 경리, 부장, 과장, 직원자리를 어느 요령(要領)으로 배치(配置)해야 복가(福家)의 개성(個性)이 더 강(强)할까요?

답 : 배치의 묘법

1) 상무위치

회사가 큰 물건을 생산하고 외국에 수출까지 한다면 북서([9]번)방향이라야 한다. 즉, 회사의 규모가 클 때 모험으로 사용하는 방법이다.

- [9]건괘(乾卦)에 성정(性情)은 : 8괘 중 가장 위대하고 높으며 귀(貴)하고 신뢰도가 높은 자리배치가 되기 때문이다. 다같은 회사(會社)의 물건이라도 훨씬 귀중(貴重)하게 보여지고 거래상에도 신뢰와 신용도가 높이 보여지는 아주 좋은 자리이다.

2) 경리위치

(⑧)번 남동쪽 방향이 제일 좋은 자리이다. 남동쪽 방향은 손괘(巽卦)로 장녀목(長女木)괘이니 대문 위치의 중녀화(中女火)가 목생화(木生火)하는 이치로 외부에 많은 재물을 흡수하는데 영향력이 있는 자리이고 거래에 있어서도 수금이 잘 되어 많은 재산이 쌓이는 자리라 길하게 본다.

※ 같은 그림 연결로 보기

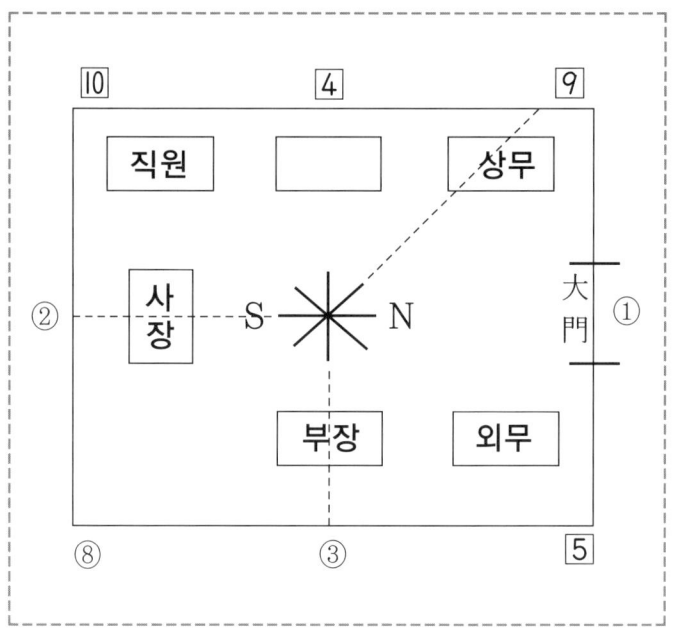

3) 부장위치

　이때 상무와 비등한 직책 한 사람이 동쪽방향(③번)를 차지해야 북서방향⑨번의 위세가 더 커진다. 그러므로 부사장이나 차장은 필히 동쪽 방향③번의 자리를 선택해야 함을 명심해야 한다. ③번은 동방에 해가 돋는 이치와 같이 한없이 커가고 빠르게 운이 트는 기세가 큰 자리라 회사를 크게 발전시키는 힘을 가졌기 때문이다.

⟨옛날 이야기⟩
　그래서 옛날에도 세자를 동궁(東宮:동쪽 방향)에 위치하도록했고 다음 권좌에 오를 힘을 크게 기르게 한 것이다.

4) 과장 이하 모든 직원의 위치
　여기에 남아 있는 북동쪽 5번, 서쪽·남서쪽의 방향은 동사택(東舍宅) 구성에 대한 안 좋은 방향이나 동사택(東舍宅) 구성이 완벽하게 되면 도리어 더 좋은 효과를 나타낼 수도 있으니 사용하는 것도 좋다.

5) 남서쪽 10번 방향은
　노모토(老母土)에 성정이다. 회사의 모든 직원들을 온화하고 화목하게 하는 힘이 있고 특히 부동산이나 흙 (임야, 전 답, 대지)에 대한 거래를 하면 태산 같이 불어나는 힘이 있다.

6) 서쪽(4 번) 방향
　소녀금(少女金)의 괘상이다. 일명 '기생' 자리라고도 한다.
　그래서 사내 모든 직원들을 즐겁게 하여 사업능률을 높여주는 역할도 하고 회사 금전 거래가 사고로 막힌 것을 수월하게 해결해 주는 힘을 가졌다.

※ 더 좋게 하려면 그 자리에 예쁜 여자 직원을 배치하고 스트레스가 쌓이지 않도록 보호하는 것이 좋다.
그는 회사 부흥에 큰 기적을 가진 방향이기 때문이다.

※ 같은 그림 연결로 보기

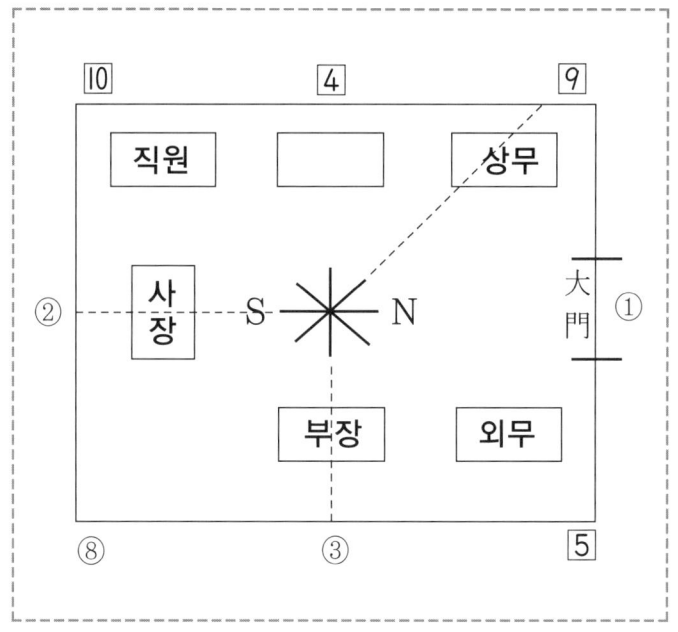

7) 충살우려

   그러나 반대 방향의 4개 즉 ④, ⑤, ⑨, ⑩방향을 모두 사용하다가는 불시에 좋은 것이 갑자기 충돌하는 위험도 있어서 4개 방위(方位) 중 한 방위를 설기(泄氣)하는 방법을 사용하기도 한다.

문 : 설기는 어떻게 하는 것인가?
답 : 설기하는 방법

1) 예로 동사택(東舍宅) 4개 방향이 배합으로 구성되었을 때 반대방향인 서사택(西舍宅) 4개 방향(方向) 중 3개 방향(方向)만 길(吉)하게 사용하고, 남아있는 1개 방향을 이를테면 물건을 적제 하거나 혹은 냉장고 설치, 커피 끓이는 곳으로 사용하여 그 방향에 안 좋은 것으로 제압하는 것을 말한다.

2) 북동쪽(⑤번)은 생방(生方)이라 씩씩하고 재빠르게 활성화시키는 곳이다. 생(生)하는 이치로 속속히 이루워지는 성정(性情)이 있다. 회사에 있어서 빠르게 활동(活動)되어야 하는 직원의 자리를 배치(配置)한다면 더욱 좋을 것이다.

(2) ①번 門 – ②번 사장자리

★ 재 배치의 이해

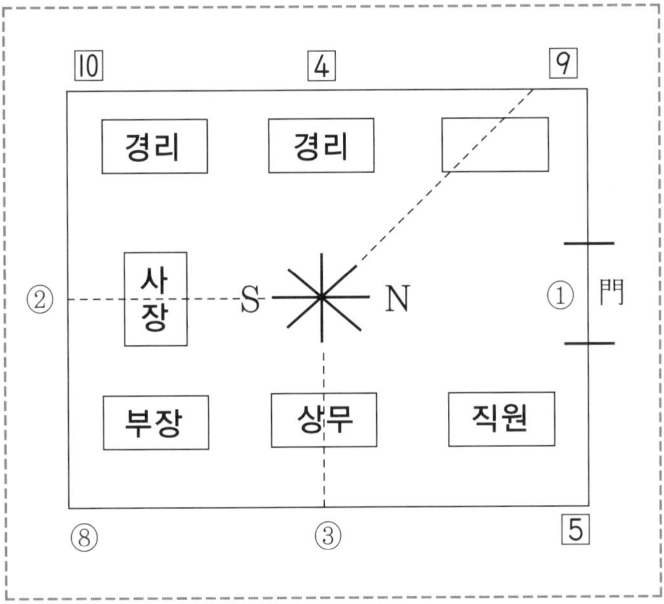

문 : 재배치 ③번의 상무가 ⑧번으로 가고 [5]번에는 일반 직원을 재배치하고 경리는 [4], [10]번 중 어느 쪽이 더 좋으며 그 이해 관계는 어떠하나요?

답 : 질문에 앞서 동,서 사택 학문의 이치부터 설명하고 물음에 대답을 하겠습니다.

1) 예로 동사택(東舍宅) 4개 방향이 배합으로 구성 되었을 때 반대 방향인 서사택(西舍宅) 방호는 흉방이라 한다. 또 반대로 서사택 구성에는 동사택이 흉방이 된다. 그러나 흉방을 잘 이용한다면 특이한 발복을 할 수도 있다.

2) 한편 흉방향(凶方向) 사용에 주의해야 할 것은 4개 방향 중 어느 한 방향은 설기 하여 쓰지 말아야 한다는 것을 잊지 말아야 한다. 예를 들면 10번을 사용하지 않는다면 그 곳에 냉장고, 선풍기, 에어컨, 책장 등을 설치하여 10번에 힘을 약화시키는 방법이다.

※ 같은 그림 연결로 보기

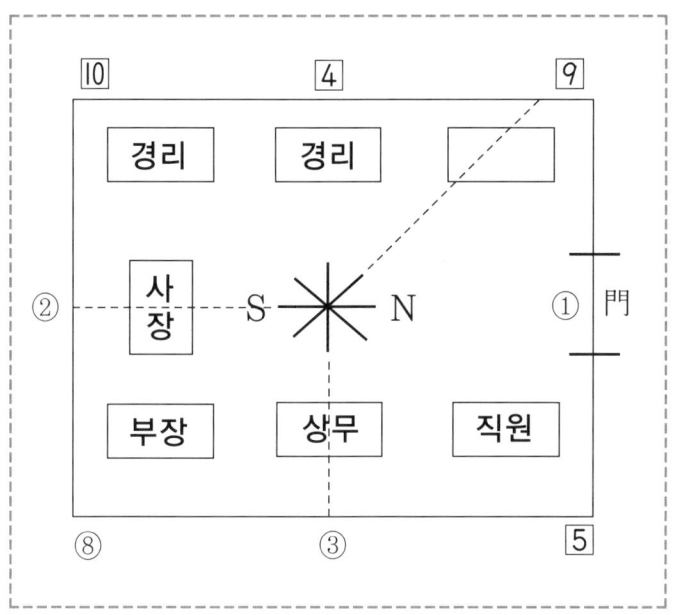

★ 4 10번에 경리 자리 해설

1) 4번 방향은 상업, 제조업, 건축업, 도매업등의 업체는 굉장히 좋다. 왜냐하면 소녀의 재궁(財宮)에다 금국(金局)의 방향이 되어 금전 순환이 활기 있게 순환되는 관계로 길하다는 이치가 따르게 되어 있다.

2) 그러나 사업 종목이 은행, 병원, 변호사, 교회, 한의사, 무역회사 등으로 기업체에 신뢰를 바탕으로 하는 업체는 서쪽(4번)방향이 불리하다. 어느 때에 혹시나 변화할지 모르는 자리이므로 안전하게 봐서는 안 된다. 4번은 변화의 폭이 심한 괘이고 차원이 얕은 괘이다. 말단 현금 출납에만 유리한 곳이다.

3) 동사택(東舍宅) 구성이 반대방향 번호를 사용하는 것은 일종의 모험이다. 이를테면 본 회사가 잘 될 때는 기적적인 좋은 일을 하고 본 회사의 타격이 있을 때는 변하여 무서운 적이 되기도 하는 자리이다.

★ 재 배치의 이해 (연결 그림)

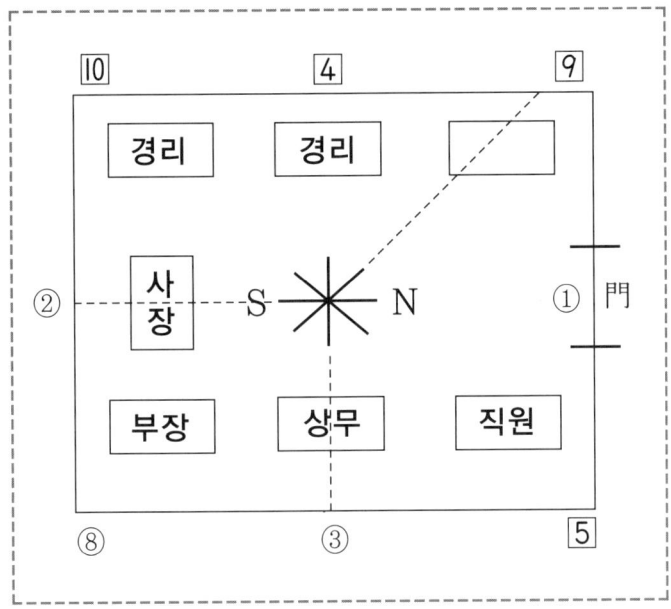

4) 그래도 남서(⑩번)방향은 아주 좋다. 노모토(老母土)니 더 길하다. 곤(坤)괘 토(土)는 지구를 상징하는 土의 괘상이고 노모(老母) 음(陰)의 재궁(財宮)이라 8괘 중 재궁으로는 가장 큰 곳이며 노모(老母)의 상징이라 신뢰가 가장 두터운 괘이기 때문이다. 특히 많은 금전거래가 더 잘 이루어지는 곳이다.

• 단점은 좀 느린것이 흠이다. 외국과 거래를 하는 것은 많은 돈을 모아서 한꺼번에 거북이 걸음으로 오는 것이기 때문이다.

그래서 ④번과 ⑩번의 차이가 이와 같으니 회사 규모에 맞추어 배치를 해야 한다.

★ 북동쪽(⑤), 북서(⑨번) 방향의 개성과 용도

1) 동북쪽⑤번은 화생토(火生土)하는 성정이다. 모든 일에 속하고자 하는 의욕감과 많은 일을 시켜도 끝까지 기분 좋게 지칠 줄 모르는 힘이 있다. 회사를 위해 가장 많이 능동적으로 뛰는 자리다. 그 대신 한시도 감시가 소홀해서는 안 되고, 번복하지 않도록 기분을 맞춰주면 된다.
● 예를 들면 새로운 개발이 잘 되어야 하는 '컴퓨터' 연구실이 된다면 새로운 창의력의 개발이 빨리 이루어 질 곳이기도 하다. (생방이니까.)

2) 북서⑨번방향은 건(乾)이라 하여 노부금(老父金)괘의 방향이다. 즉 8괘중 가장 크고도 높은, 귀(貴)하고 신뢰도가 크며 거래처로부터 추앙을 받는 자리의 괘상이다. 하늘을 상징하는 괘이기 때문이다.

★ 재 배치의 이해 (연결 그림)

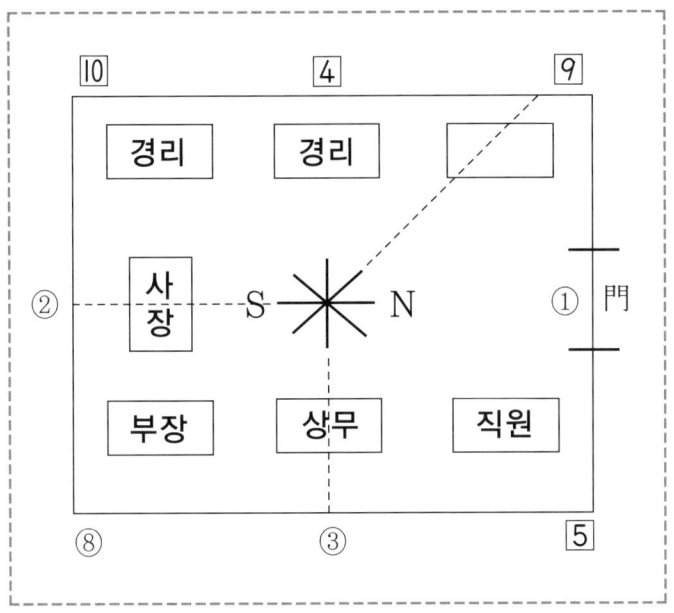

3) 북서(⑨번)방향은 옛 선현들의 말에 의하면 그 사업체를 위해서 외부로부터 신뢰를 받아야 하는 직함을 가진 자가 앉아야 한다는 것이다. 왜냐하면 건(乾)은 "높고 위대하며 최고이고 안전하다" 등으로 최고의 추앙받는 자리므로 같은 종목을 생산하더라도 우수하다는 인정을 받게 된다.

4) 북서(⑨번)방향은 의사, 한의사, 약사, 목사, 주지스님, 신부 같은 분들의 자리가 되면 아주 좋다. 특히 목사, 신부, 스님이 그 곳에 위치하면 좋다.

● 설교 설법에 더욱 권위가 있어서 모든 신도들의 신앙심이 깊어져서 행운을 받게 되고

● 의사 약방은 믿음이 더욱 커져서 요즘말로 엔돌핀이 많이 생겨 죽을 사람도 회춘한다고 고서에 말하고 있다.

※ 북서(⑨) 방향은 규모가 큰 업체에서나 사용하는 것이고 규모가 적은 업체에는 도리어 불리하다.

(3) 북쪽(①번) 방향 門에 동쪽(③번) 사장자리 배치법

★ 반짝하는 성공 배치법

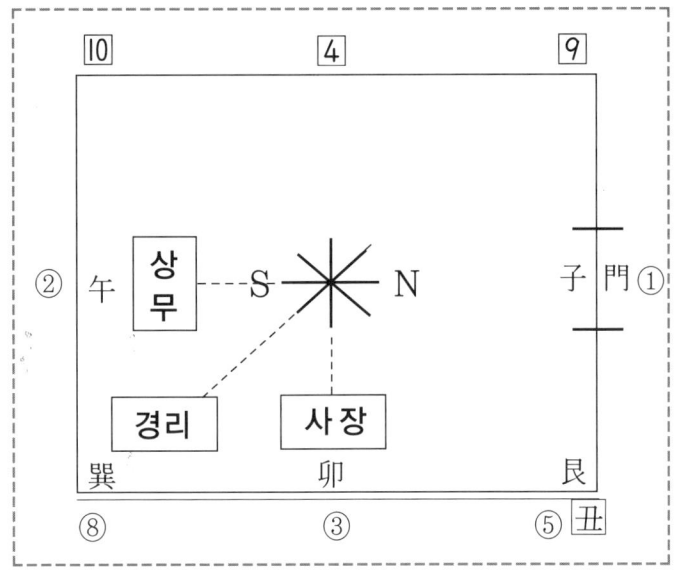

★ 특히 사업을 새로 시작할 때나 신장개업을 할 때

1) 급속도로 성공할 수 있는 길(吉) 방향 ①번 문에 ③번을 찾아 사장위치를 배치해야 하고 그러므로써 사업이 성공하여 기반이 되었을 때는 더욱 큰 회사로 진출할 수 있는 자리가 있다.
   도형을 보면 북쪽(①번)방향 출입문(出入門)이 되어 있는 사무실이다.

남쪽(②번), 동쪽(③번), 남동(⑧번) 방향은 모두 동사택(東舍宅)의 한짝패 번호이다.
어느 번호에 사장위치를 하여도 복가 배치가 되기는 한다.

2) 그러나 사업이 반짝하게 성공할 수 있는 자리를 찾는 방법은 사업의 업종이나 기업의 대소 규모에 따라 다소 다를 것이다. 글로써 소개한다면 대체적으로 북쪽(①번)방향의 출입문에 동쪽(③번)방향으로 사장자리를 배치한다면 불티나게 사업이든 상업이든 운이 크게 트여 복을 받는 자리라 할 수 있다.

3) 그 이유는 북쪽(①번)방향은 자, 중남수(子, 中男水)이고 ③번은 묘, 장남목(卯, 長男木)의 괘상이라 순양(純陽)의 이치라 할 수 있다. 출입문도 양(陽)이고 사장위치도 양(陽)의 방향이 되면 이게 바로 금시발복이라는 뜻이 된다.

4) 이 방법은 중국에서 양택삼요(陽宅三要)책이 처음으로 체계화게 될 때부터 양구빈(楊救貧)의 구빈(救貧 : 어려운 처지를 구해준다)의 방법이었다.

5) 그러나 이 구빈 방법에서 오래가면 하향세를 맡게 되니 회사의 기반이 잡히면 더 크게 발전하는 방향으로 이동 배치해야 하는 것을 잊지 말아야 할 것이 강조된다.

(4) ①번 門 - ③번 사장자리

★ 반짝하는 발복도 시효가 있다.

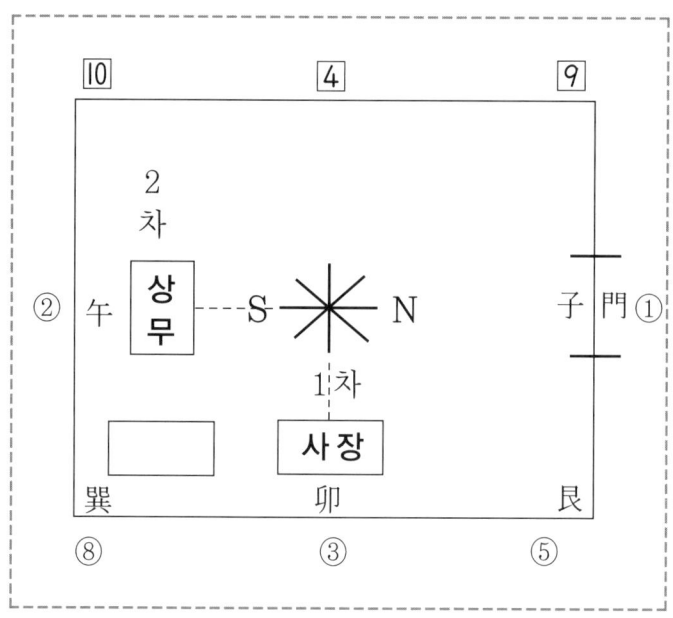

문 : 발복시효란 무엇인가?

답 : 동. 서 사택간에 문(門)방향과 주인 자리가 순양(純陽) 일 때 오행(五行) 수리에 의해 발복 시효기간이 있다.

문 : 오행수(五行數)는 문(門)과 주인자리 어느 쪽을 사용하나요?

답 : 이 그림과 같은 괘는 주인자리를 써야 한다. (3.8수)

1) 북쪽(①번)문에다 동쪽(③번) 방향에 사장 위치를 했을 때 오래가면 하향세를 맞는다는 뜻은 ①번과 ③번은 반짝하는 성공사례가 생기는데 빠르면 3년, 회사 규모가 크면 8년이 발복 시효이다.

2) 그 자리에서 성공했다고 해서 더 투자 하다가 잘못되면 반파(半破)의 현상 이 일어날지도 모른다. 심하면 실패수도 있으니 과감히 더 크게 진출할 자리로 재배치해야 한다.

★ 더 크고 장구한 자리 배치법

1) ②번에 사장자리를 한다면 대기업이라도 능히 감당하여 성장 할 수 있는 자리다. ③번 방위에는 상무 자리로도 좋으나 때로는 기업을 위해서 외부 활동의 직책자이면 더욱 좋다.

2) 이상과 같으면 동사택(東舍宅) ⑧번이 비어있다. ⑧번은 재궁(財宮)이다. 금전출납의 경리자리로 적합한 자리다.

3) ⑧번 위치의 경리 특징은 아무리 큰 재정문제라도 원활이 순환시키고 둘째는 많은 재산의 흡수력을 가졌다. '동사택(東舍宅)' 구성에서는 반대인 ⑨번에다 공장장이 앉으면 금상첨화(錦上添花)가 될 것이다.

(5) ①번(北쪽)門과 ③번(東쪽) 사장자리

☆ 발복의 추리공식

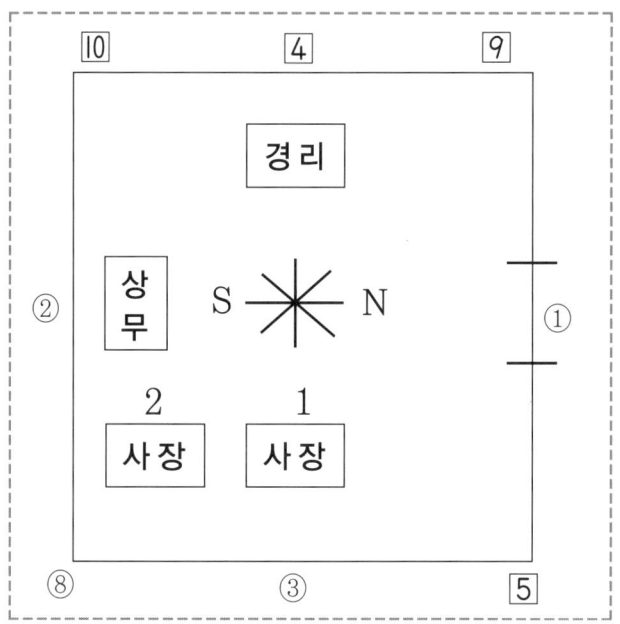

1) ①번(북쪽) 출입문과 ③번(동쪽) 사장자리를 총정리하여 길흉화복(吉凶禍福)의 추리방법론을 알아보자.

2) ①번(北쪽)과 ③번(東쪽) 사장자리 배치는 복가 배치는 되었으나 ①번 중남수(中 男水)괘와 ③번 장남목(長男木)으로 순양(純陽)이라 선길 후흉(先吉後凶)이 된다. 수생목(水生木)하는 이치로 번개 같은 급성장을 이루게 된다.

3) 여기서 주의할 것은 급성장에도 시효가 있다. 3년에서부터 8년까지를 보는데 회사에 규모가 적으면 3년이고 크면 8년이다.

3.8수리 경과에 이 책대로 재배치를 한다면 안전(安全)한 기업으로 성장할 것이다.

★ 더 번창하려면 사장자리를 이동 배치해야 한다.

1) ①번(北쪽방향)은 陽이니 회사의 규모가 크면 ②번(南쪽방향) 陰으로 이동하고 규모가 작은 기업이면 ⑧번 陰자리에 가면 점차 성장해 대기업을 바라 볼 수 있다.

2) ①번이 ⑧번을 만나면 기쁨에 성정이 생겨서 회사가 화목한 가운데 회사경영에 순리의 이치가 따른다.

3) 상무위치 선택 - 사업에 적은 부품을 취급하는 모든 상거래라면 ②번(남쪽) 방향이 적격이다. 자오상충(子午相沖)에 수극화(水克火)의 상극의 이치로 상업에 있어 서는 제일 좋은 자리가 될 것이다. 자연의 대법(自然大法)을 사용하는 방법이다.

4) 경리(經理) 위치 선택 - [4]번 방향(서쪽)이 가장 적합(適合)하다.

☆ 발복의 추리공식 (연결그림)

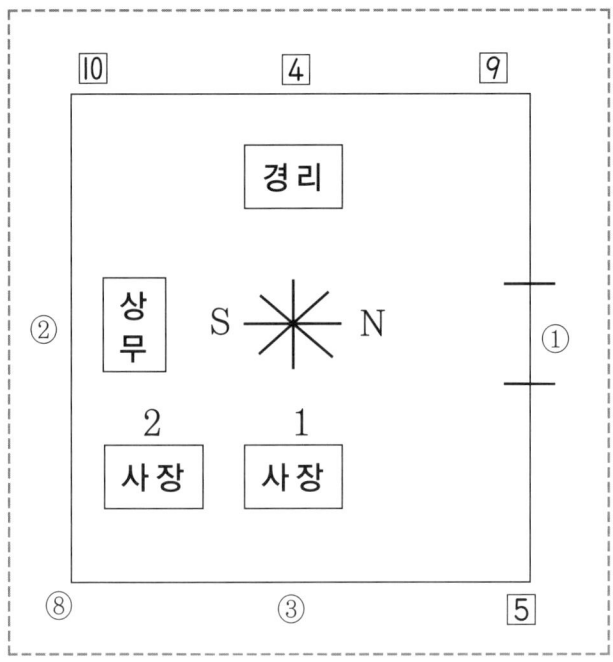

문 : ①번 문은 동사택(東舍宅)인데 서사택(西舍宅) 방호인 ④번을 혼합하면 흉가(凶家) 배치라 하였는데 어찌된 것이지?

답 : 문과 사장(社長)자리 배치(配置)로서 동, 서 사택간(東.西舍宅間)에 복가(福家) 배치(配置)가 완전(完全)히 구성(構成)된다면 그 다음 자리는 혼합(混合)하게 되면 더욱 길(吉)한 기적(奇蹟)같은 현상이 생긴다는 이치(理致)가 있다.

2) 그래서 ④번을 택했는데 ④번은 소녀금(少女金)이라 적합한 이치는 소녀는 어리고도 미인이라는 뜻도 있고 또 금전 즉 재궁의 방향이니 금전거래에 재산 흡수력이 가장 강하여 상업상의 거래에는 제1의 자리라 할 수 있다. 정리해 말한다면 소녀금 재궁은 싱싱하고 재산 흡수에 미인계를 쓰는 형식이 되는 것이다. 수금, 매출에 분주하게 된다.

☆ 발복의 추리공식 (연결그림)

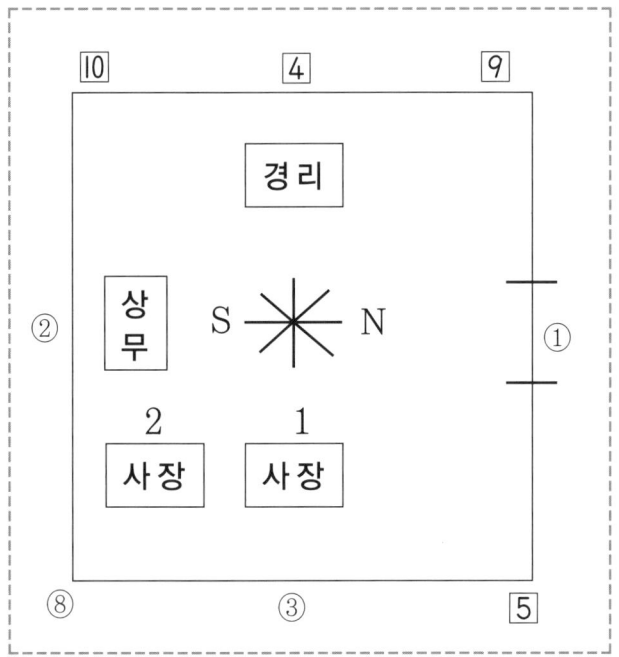

　동. 서 사택간(東. 西舍宅間)에 복가(福家)의 배합배치(配合配置)가 완전(完全)이 되었을 때는 흉방(凶方)을 사용해도 좋은 이치(理致) 연구하기.

2) 부장, 과장, 사원은 비여 있는 [9], [5], [10], [3]번 방향에 각각 배치하면 된다.

혹 공장이 있는 기업이면 [9]번 방향에 공장장을 배치하면 우선 공장질서가 군대같이 질서계통이 서고 제작되는 물건이 우수하게 발전될 것이다. 여기서 더 언급하면 기사들이 빨간 띠를 머리에 두르고 시위하는 불상사는 절대 일어나지 않을 것이다.

3) [10]번

- 단점은 = 매사가 느린 곳이다.
- 장점은 = 큰 재궁(財宮)이니 회사 고문격(會社顧問格)의 자리가 좋다.

4) [5]번은 동작이 빠른 자리니 나이 많은 과장을 배치하면 분주하게 일을 잘할 것이다.

5) ⑧번은 스트레스가 잘나는 자리니 노총각 사원이 앉으면 회사 전체가 화목해 진다.(노처녀, 노총각의 연애하는 괘상이라 회사의 액운이 없어진다)

(6) ①번 門에 ③번 위치에 사장자리

☆ 재배치의 요령

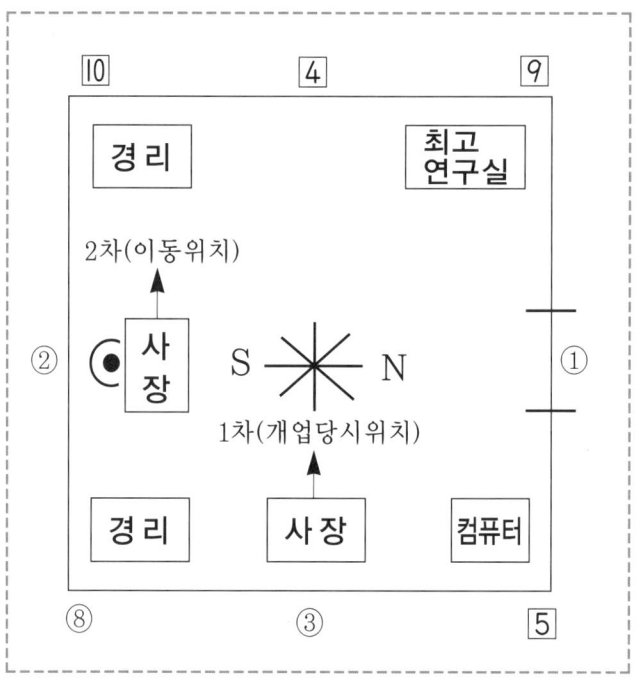

1) ①번 문에 ③번 위치에 사장 자리를 배치하는 것은 신장 개업이나 사업을 처음 시작할 때 속발하는 방법이더라도 3, 8년을 넘어서는 안 되는 것이다.

2) 사업은 3,8년에서 흥패가 가려지게 마련이다. ①번 문에 ③번 위치에서 흥왕하게 사업이 잘 된다하여 계속 그대로 있으면 반파의 우려나 하향세를 받게 된다는 이치를 더욱 강조하면서 다음 더 좋은 자리를 설명한다.

★ 재배치
1) ①번 문에서는 ②번 지점에 사장 위치를 정하는 것이 가장 좋은 방법으로 정리 된다. 물론 고서에도 ①번 문에 ②번 좌를 하든지 ②번 문에다 ①번 좌를 하는 것은 모든 사업종목이나 가옥(家屋)이라도 제일 좋은 구성이라고 되어 있다.

2) ①번은 북쪽 자(子) 방위요 중남수국(中男水局)이고
②번은 남쪽오(午)로 중녀화국(中女火局) 방향이다.

3) 속담에도 자(子)문에 부자 난다 했고

4) 반대로 남향집에 남문(南門)을 낼 수 있는 것은 3대 적선(積善)을 해야 이룰 수 있다는 속담도 있다. ①번과 ②로서 구성되는 것은 제일의 방법이다. 즉 ①②구성이 좋다는 것은 대자연의 원리임을 생각해야 한다.(태양과 지구의 만남의 뜻)

5) 더 말해 둘 것은 ②번에 위치한 사장자리는 다시는 더 옮겨서는 안 된다. 그러나 사장 이하 직원은 각 번호 성정에 맞춰 얼마든지 이동해도 좋다.

6) 이와 같이 동사택(東舍宅)의 정상구성은 ①번과 ②번으로서 완성된 것이다.

☆ **재배치의 요령**

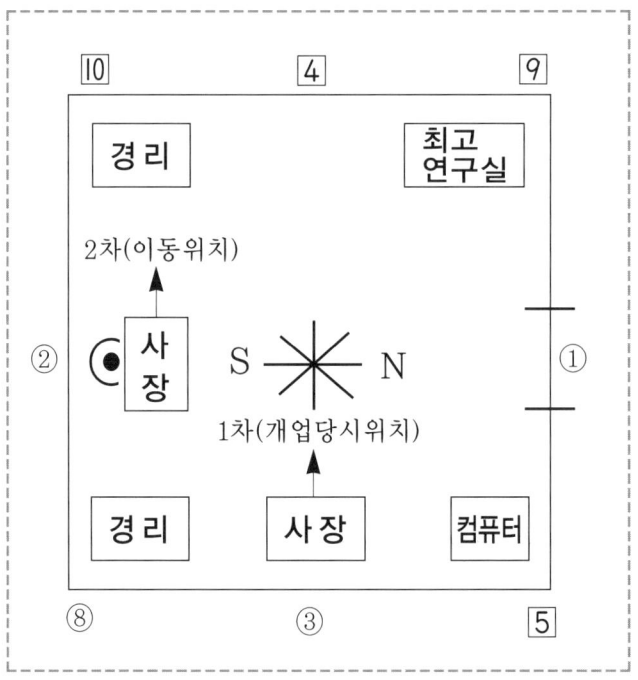

7) 좀더 동사택(東舍宅) 구성(構成)에 힘을 더하기 위해서는 경리(經理)나 혹은 회사(會社)를 위한 중요 직책자(職責者)가 ③번 ⑧번에 배속(配屬)되어야 하는데 우선 ⑧번이 음(陰)에 속(屬)하여 경리(經理)자리로만 생각해서는 안 된다. ⑧번은 손(巽)괘인데 바람이 상징(象徵)되어 경리(經理)관계에 손실(損失)이 많아질 우려가 있다.

8) 사장자리가 ③번일 때는 승세에 기세를 같이 타야 하기에 ⑧번에 경리자리를 했던 것이다.

9) 그러니 ③번에는 중요(重要) 직책자(職責者)나 외무사원(外務社員)이나 거래처의 상대자, 판촉부, 영업부 책임자가 위치하면 가장 완벽한 동사택(東舍宅) 구성이 되겠다.

10) 그 다음 서사택(西舍宅) 번호 [4], [5], [9], [10]번을 적절히 이용하는 방법이다.(1개 방향 설기(泄氣)하고 3개 방향만 배치하는 것 잊지 말고) 우선 경리에 있어서 적은 품목을 취급하는 업소는 [4]번 경리 자리가 합당하고

11) 많은 액수의 큰 품목을 취급하는 업종이면 [10]번이 유리하다. [10]번은 대단히 위력이 강한 재궁으로 신뢰받는

자리다. 이곳에 경리자리가 아니고서는 큰 재물의 거래가 순조롭지 못하다. (좀 느린 곳이니까 큰 액수의 거래 경리 자리가 적격)

☆ **재배치의 요령**

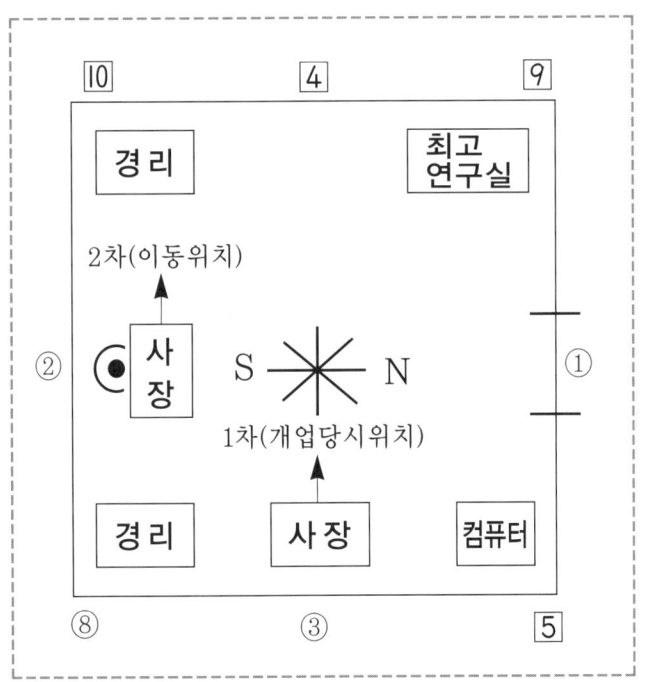

12) 5, 9번은 두뇌와 심장부 같은 업무 즉 연구를 하는 직책이 위치해야 한다.
현시대는 산업의 전쟁이 두뇌의 전쟁이다. 말하자면 80명이 어느 기간에 100개의 제품을 만들던 것을 머리를 써서 인원 10명으로 줄이고 기계화로 인해 제품은 배로 증산되고 제품향상도 되어야 한다.

13) 세계시장에 나가서는 10배의 가격으로도 호평을 받을 수 있고 더욱더 신제품을 생산해야 한다는 것이다. 그래야 외국인의 인력을 받지 않고서도 흑자 산업운영이 지탱되는 시기에 와 있다는 것이다. 이게 현실이어서 보고, 듣고, 실제 인테리어를 하면서 경험을 통하여 이 글을 쓸 수 있는 것이다.

14) 그래서 5번 위치는 창의력이 있는 곳이라 개발하는 컴퓨터를 설치할 곳으로 적합하고 9번 자리는 연구된 재료를 재조정해 한 단계 더 높이 연구(研究)가 잘 되는 자리이다.

(7) ①번 門에 ③번 위치에 사장자리

★ 동, 서사택의 이해

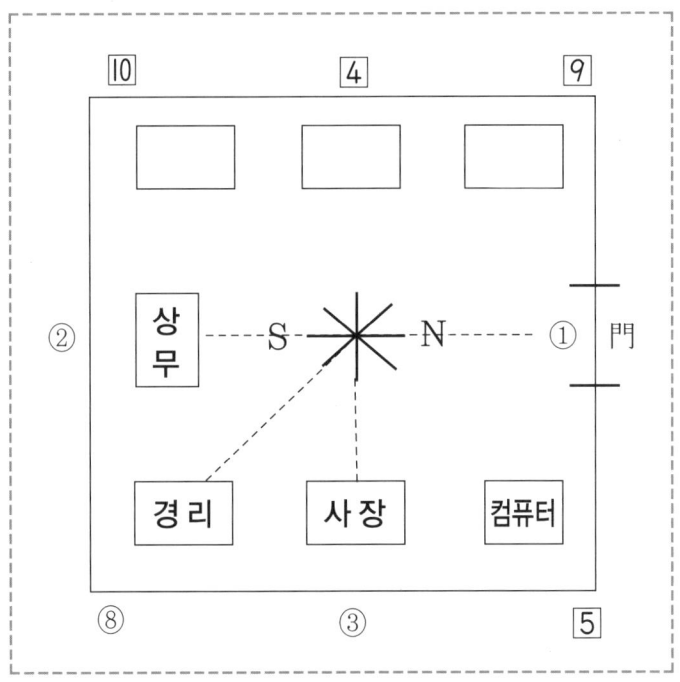

문 : ①번 문에다 사장, 상무, 경리가 동사택인 ②, ③, ⑧번으로 좋은 자리에 모두 배치되었다. 과장 이하 직원들의 자리 배치법은 어떻게 하나요?

답 : 방법은 여러 가지 좋은 배치법이 있으나 먼저 알아야 할 법이 하나 있다.

1) 동사택(東舍宅) 구성이나 서사택 구성이 어느 한쪽으로 정상적으로 '복가' 배치가 구성 되었다면 그 반대쪽 번호 자리들은 대장을 잃은 패잔병 같은 신세가 되는 이치와 같다.

2) 이번 구성은 동사택(東舍宅)정상이니 서사택(西舍宅) ④, ⑤, ⑨, ⑩은 동사택(東舍宅)의 노예(奴隷)가 되는 신세이니 ④, ⑤, ⑨, ⑩을 모두 사용해도 해(害)가 없다.

※ 고서에는 동, 서 어느 한쪽이 구성되면 반대쪽은 오행상극(克)이 되어서 도리어 기적적인 일이 일어나게 될 것이라 했다.
즉 도리어 좋은 역할로 변화된다는 뜻이다. 그 이치는 동, 서 사택의 상극(相克)되는 이치의 변화가 전화위복으로 복가(福家) 구성에 따르게 되어 있다는 음양원리가 있기 때문이다.

★ 상세한 원리해석

1) 그림과 같이 ①번 문에 ③번이 사장 위치가 되었으니 동사택(東舍宅) 구성으로 정상화 되었다.

2) ④, ⑤, ⑨, ⑩번의 서사택(西舍宅) 방위는 동사택(東舍宅)에 대해서는 흉방이 된다. 서로 극하는 이치가 있기 때문인데 이를 살(殺)이라 하나 이 '살'이 변하여 길(吉)하게 동사택(東舍宅)에 따르게 된다. 즉 노예가 되는 이치와 같다.

★ 동, 서사택의 이해 (연결)

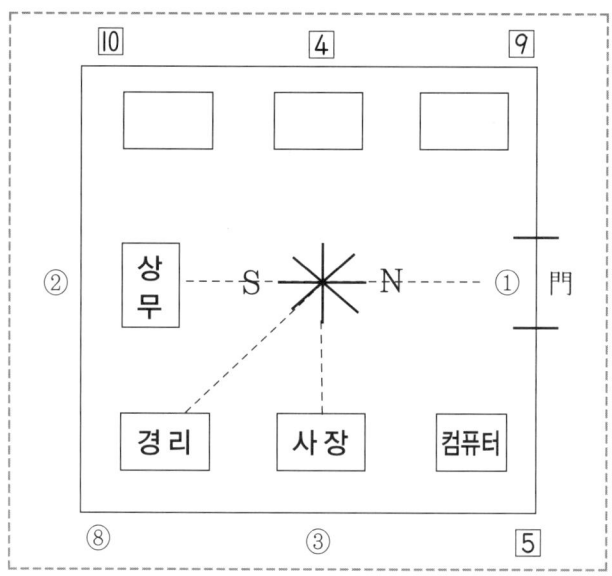

그러니 각 번호 성질에 맞도록 이용만 잘한다면 더욱 회사를 위해서도 좋은 반응이 오게 되어 있으나 그 방향(方向)마다 개성이 달라서 좌석한 개인 신상에도 좋은 '복'이 오게 된다는 이치도 있다.

3) ④번은 소녀금(少女金)의 재궁(財宮)이라 소규모이나 금전을 당기는 활력소가 강하면서 재빠른 힘이 있으니 적은 제품을 만들어서 거래하는 데는 순환이 잘 이루어지는 곳이니 경리 자리로서 손색이 없다.

4) ⑤번은 소남토(少男土)로 귀격에 해당 된다. 회사 발전이나 제품의 품질 향상하는 연구실에 적합하고 또 물품거래 하는 외무사원 자리에는 더욱 좋다. ①번 문과 토극수(土克水)되는 이치가 전화위복이 되는 과정의 설명이다.

5) ⑨번은 노부금(老父金)이며 하늘을 상징하는 괘이니 가장 위대한 귀격(貴格)의 자리다. 회사 업무에 가장 신뢰를 받아야하는 직책자가 배치되어야 한다.

⊙가장 귀중한 역할의 책임자 ⊙연구실장 ⊙연구의 핵심인물
⊙공장을 총 감독하는 공장장 자리에 아주 적격이다.

6) ⑩번은 노모 토로서 지구를 상징하는 괘이다. 음으로서는 가장 큰 재궁(財宮) 의 괘이니 아래와 같이 배치 한다.

⊙부동산의 금전 거래 ⊙은행의 금전거래 책임자
⊙회사 고문격 위치에 적합하다.

(8) ①번 門에 ③번 위치에 사장자리

★ 배치 및 방향의 이해

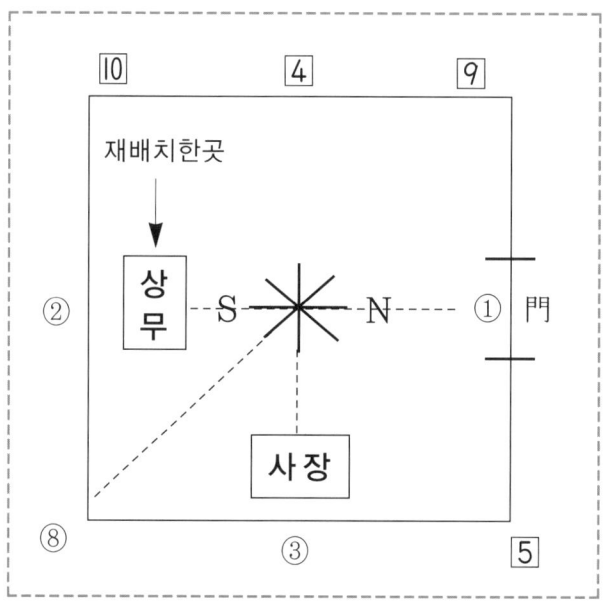

1) ①번은 동사택(東舍宅)에 해당된다. ①, ②, ③, ⑧번이 제짝인 동사택(東舍宅) 번호이다.

 늘 강조되는 말이지만 문이 ①번에 나 있다면 대표자의 책상 위치가 제짝 번호인 ②③⑧을 찾아 배치되어야 길(吉)한 배치가 된다. 이를 배합사택(配合舍宅) 혹은 복가(福家)배치라 한다.

2) 여기서 더 생각해 보면, 사업을 시작할 때나 부실한 사업을 인수받아 신장개업을 할 때는 역시 ③번에다가 대표자 책상을 배치해야 속한 시일 내에 급성장 할 수 있다는 것이 양택풍수(陽宅風水)의 묘미라 할 수 있다.

※ 전편을 생각해 보면, ③번이 출입문이었을 때 ①번에다 사장 책상자리를 배치하여 구빈(救貧:어려움을 급히 구하는 것)하는 방법을 다시 생각해 본다면 그 이치가 ①번은 중남 '水'로 양(陽)에 속하고 ③번은 장남목(長男木)으로 양(陽)에 속했기 때문이다.

문 : **①③번에서 무엇을 가지고 음(陰), 양(陽)으로 구별하는 방법인가?**
답 : 동서사택 8방위에 남자로 된 괘는 모두 양(陽)으로 보고 여자가 든 괘상은 음(陰)으로 보면 된다.

1) 그러니 ①③번은 모두 양, 양으로 문과 사장 자리가 배치되는 관계로 순양(純陽)의 기세로 사업을 시작하는 데는 번개 치듯이 급속도로 번창하게 되는 것이 순양의 이치라는 것이다.

2) 그런데 전번 ③번 문에서 ①번의 사장위치를 배치하여 '양양'이 된 것이나 ①번 문에다 ③번에 사장자리를 배

치한 것이 더 좋은 이점이 있다.

그 이치는 출입문의 ①번 위치의 중남수(水)가 사장 위치인 장남 목(木)에다 수생목으로 생하여 주게 되는 관계이다. 그래서 급성장으로 보는 것이다.

★ 배치 및 방향의 이해 (그림 연결)

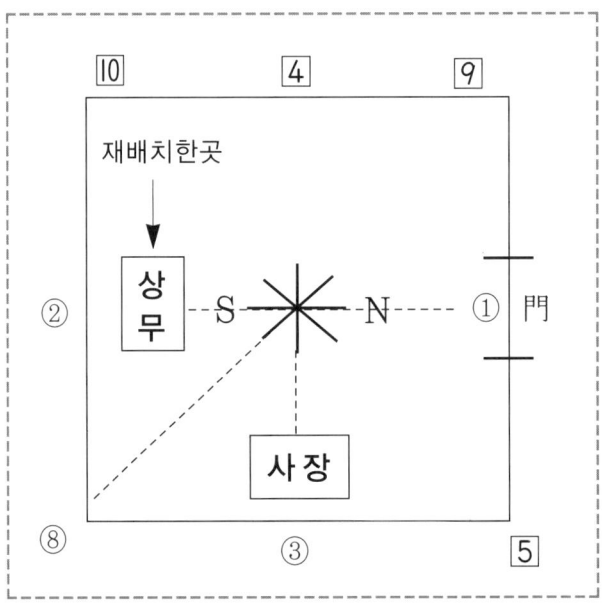

3) 그러나 음양오행(陰陽五行)의 이치는 모두 '양'이 되거나 모두 '음'으로 구성하게 되면 반파(半破)의 작용도 일으키게 된다는 것을 잊지 말아야 한다.

4) 그러니 사장의 위치가 묘(卯)의 3, 8 목(木)하는 이치가 있어서 3년이나 8년을 맞는 해에 사업의 파동이 생기게 된다. 《큰 사업이면 8년까지이고 소기업이면 3년이다. 그 이상 수생목(水生木)하는 이치를 더 받을 수는 없다. 반대로 뒤집히는 현상이 오게 되고 그렇지 않으면 점차 하향세를 걷게 되는 이치를 잊지 말아야 한다.》

5) 이와 같은 자연(自然)의 이치를 이해한다면 좀 기반이 되었을 때 좀더 안전하고 더 번창할 자리를 찾아 재배치해야 할 것이다. 그러니까 소기업이면 3년 대기업이면 8년을 넘기지 말아야 한다.

6) 다음 길(吉)한 자리는 ②번 방향으로 사장 위치를 옮기면 영원히 대성할 배치가 될 수 있다.

(9) ①번 門에 ③번 위치의 사장자리

★ 상무 위치도 길(吉)한 자리로 강한 배치

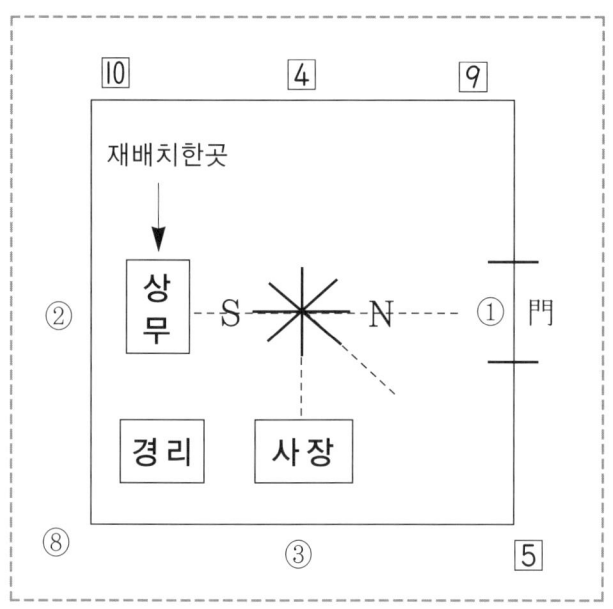

1) ①번 문에다가 ③번 위치에 사장자리를 배치하는 방법은 새로 시작되는 사업이나 신장개업일 때 직원들의 자리 배치법이다.

2) 이때 사업을 위해 활동이 많은 '상무' 위치가 문제이다. 또 경리 자리도 생각해야 된다. 동사택(東舍宅) 짝이 되는 번호는 ②⑧ 번이 남았다.

3) 여기서 상무 위치로는 ②번이 가장 좋은 자리가 된다. 그 이치를 해설한다면 ①번 문은 자(子)방위에 중남수(中男水)이고 ②번은 오(午)방위에 중녀화(中女火)가 된다.

그러니까 자오상충(子午相沖), 수극화(水克火)하는 극살이 있다.

그런데도 ①번과 ②번은 동사택(東舍宅)의 가장 좋은 짝패가 되는 방호이라 가장 강한 성질을 가진 대자연의 상생(相生), 상극(相克)하는 기본원리를 가진 동사택궁에 배합궁(配合宮)구성으로 되어 있는 강한 괘상이 된다.

4) 그와 같이 강한 곳이기 때문에 상무자리로 적합하다는 것이다. 다시 말하면 신장개업이나 새로 시작하는 사업체에는 강한 위치에 배치를 해야 성공하게 되어 있다.

그래서 새로운 사업에다 노력이 적으면 실패가 따르는 이치가 생기게 마련이다. 이를 반파(半破)현상이라 한다.

5) 경리자리는 ⑧번이 제짝 동사택(東舍宅) 번호이면서 음(陰)의 재궁이니 적당하다. 경리는 음(陰)이 되는 방향에 배치하는 것을 원칙으로 한다.

왜냐하면 음(陰)은 재궁이기 때문이다. 즉, 재궁은 무조건 재를 흡수하는 기운(氣運)을 가졌기 때문이다.

★ 상무 위치도 길(吉)한 자리로 강한 배치(그림연결)

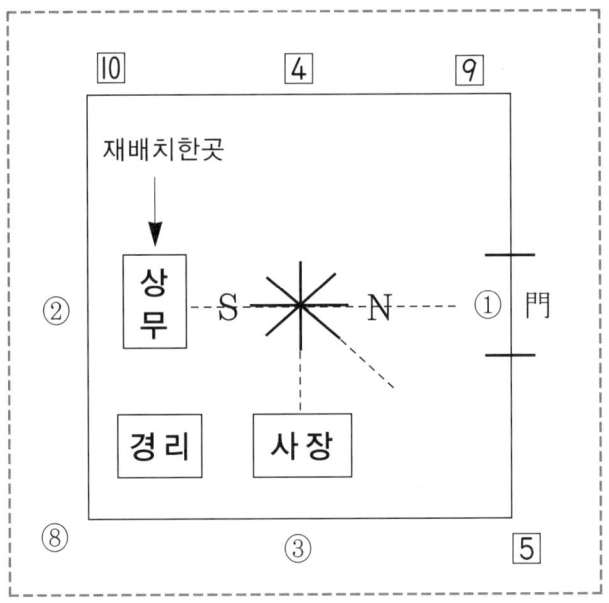

6) 그리고 보니 재궁에 대한 재미있는 이야기 하나가 있다. 부부라면 부인이 재궁이 된다. 그러니까 혹 집안간에 모임이 생겨 남자들이 '고스톱' 같은 화투를 할 때 슬그머니 남편 뒤에 앉아 남편 몸에다 손을 대고 있으면 그 판에 있는 돈들이 남편한테로 싹 몰릴 것이니까 재궁의 위력이 이렇게 대단한 것을 알아야 한다.

7) 그래서 옛말에 부자가 되자면 돈이 부인치마 폭을 거쳐야 한다는 이야기도 있다. 일반 가정에서는 재산의 관리를 여자가 맡아야 부자가 될 수 있다는 뜻이다.

★ 배치의 주의법

1) ①번 문에서 ③번에 사장 자리를 배치하는 데 있어 반드시 지켜야 할 사항이 있다.

  ⊙ 새로 시작하는 사업
  ⊙ 신장개업 이외에는 절대 삼가 할 것이다.

2) 혹 여러 해 사업을 무난히 해오는 중 사무실 변경시나 회사가 이전하여 새로 위치 선정할 때 ①번 문인데 ③번에 사장 자리를 배치한다면 좋지 않은 현상이 일어나게 되어 있다. 이를테면 관재구설, 재산도패 같은 우려가 있으면서 매사가 반대 현상을 초래하게 되거나 사업의 하향세를 면치 못한다.

3) 그 원인은 ①번 중남수(中男水) ③번 장남 목(長男木)으로 모두 양양(陽陽)으로서 음양의 조화를 이루지 못하는 관계이다. 3, 8 수를 조심하라. 3년, 8년 짧으면 3년 8개월에 반파(半破)현상이 일어날지도 모른다.

(10) ①번 門에 ③번 주인자리

☆ 신장개업의 특수 배치법

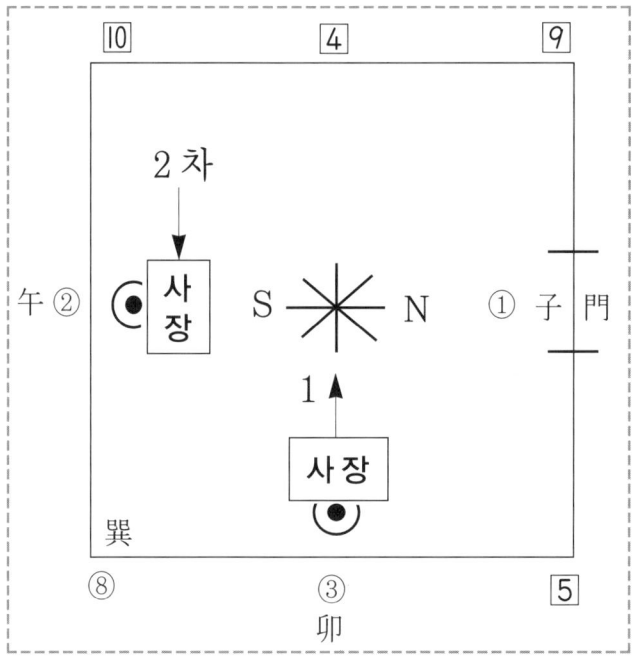

1) 사업체가 부진하게 되어 신장개업을 할 때 자리를 재 설치하는 방법이다.

2) 앞의 구빈(救貧)이란 말이 여기에 해당된다. ①번과 ③번이 합세가 되면 무서운 것이 없다. 화끈하게 발복이 되는 자리다.

3) 옛말에도 ①번 자(子)방향 대문과 ③번 묘(卯) 방위가 주(主)위치가 된다면 혁신격(革新格)이라 하여 특히 신장개업 하는데 많이 사용되었다고 한다. ①번과 ③번은 사장과 사원들의 머리가 새롭게 열려서 길(吉)한 '아이디어'가 개발되어 새로운 기업운영을 갖게 되고 운영상에 승승장구의 운세를 타게 되어 단단한 기반이 된다고 한다.

문 : ①과 ③의 결합은 어떠한 이치로 속발이 되며 계속 있으면 왜 안되는 것인가?

답 : ①子의 이치는 '無'에서 '有'로 탄생하는 이치요 ③卯는 솟아나는 성질에 끊임없이 자라는 성질이다. 게다가 ①子는 중남 수(水) 양이 되고 ③卯는 장남 목(木)으로 양(陽)이다. ①③은 두 양기(氣)가 서로 튀기는 힘이 있기 때문이다. 예를 든다면 자동차의 플러그가 5밀리 간격에 파란불이 팍팍 튀기는 것은 양전의 기운이 강할 때 양전이 튀는 기(氣)의 힘만으로 튀는 힘과 같다.

☆ 신장개업의 특수 배치법 (그림 연결)

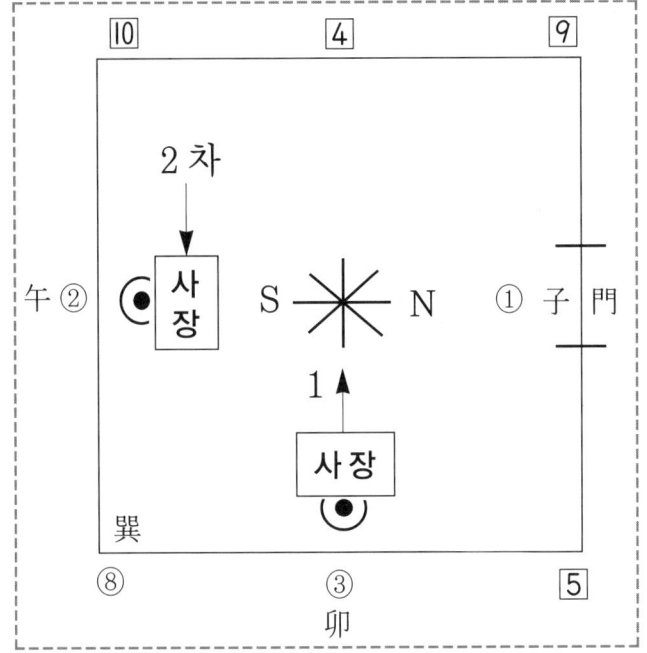

1) ①번과 ③번은 순양(純陽)이라 오해의 변화 이치는 한도가 있다.

● ①번 출입문의 수(水)가 생목(生木)하는 이치로 목국(木局)의 3, 8 수리가 해당되어서 적은 기업체는 3년이면 발복이 끝나고 대기업이면 8년까지 급속도로 발복할 수

있다.

2) 이 때는 즉시 門과 음양배합(陰陽配合)되는 ②번과 ⑧번 위치로 이동한다면 좋은 음양배합(陰陽配合)의 변화로 무한한 발전 이 될 것이다.

만약 ②번 자리로 사장자리를 이동한다면 ⑧번과 1차 사장자리였던 ③번 위치가 공석이니 부장이나 외무사원을 ③번에 배치하고 과장을 ⑧번에 배치하면서 상무는 서사택인 ⑨번 경리는 [10]번에 배치해야 신장개업의 뜻이 살아나게 되어있음을 명심해야 할 것이다.

어찌 보면 모험같이 보이나 만약 성공만 된다면 대그룹으로 성장할 것이다.

(11) ①번 門에 ④번 사장자리

★ 흉가 배치의 길흉화복(吉凶禍福)

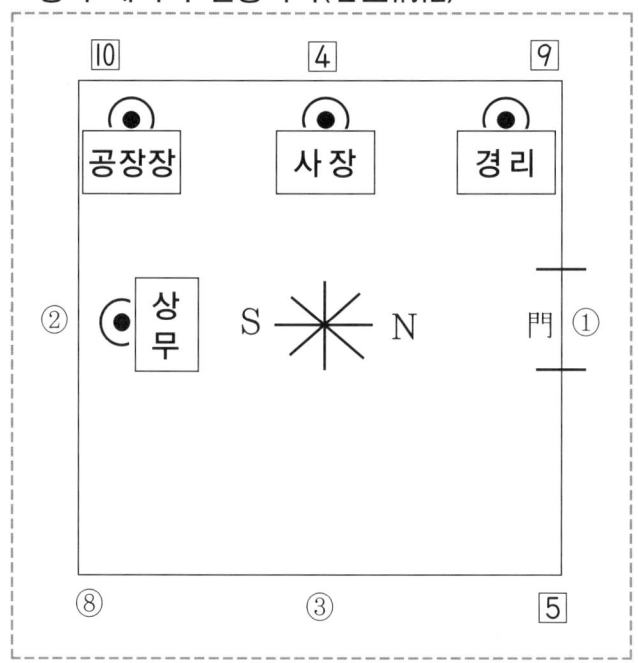

1) 어느 소기업인데 ①번 門에다 사장자리가 ④번 방향이면서 위 도형과 같이 잘못된 흉가 배치가 되었다.
2) 흉가 배치의 이해란 우선 관재구설로부터 인패(人敗), 재패(財敗), 병패(病敗)가 따르는 화복(禍福)의 공식이

있다.

★ 방향별 길흉

1) ④번은 소녀금(少女金)의 성정이다. ①번은 중남수(中男水)이니 오행으로는 서로 생(生)하는 것이 되었고 크게는 동. 서(東西)사택으로 극살(克殺)이 되었으나 그래도 처음 사업을 시작할 때는 1, 6수(水)의 기운으로 반짝 생(生)의 이치로 사업이 잘 되었다고 보아야 한다. 상생(相生)의 조화를 이루지 못하고 生만하다 터지는 격이 된다.

2) 공장장의 위치가 ⑩번 노모토(老母土)의 성정이니 공장의 가동이 정상화되면서 질서, 화목, 단결 등은 잘 되는 편이고 능률, 품질의 향상 등은 부진하다.

3) 상무위치는 ②번이라 ①번과는 같은 동사택으로 제 짝을 만나서 본 공장의 사업거래와 모든 운영이 상무의 능력으로 이루어지는 것으로 보아야하나 항상 시비구설이 뒤따라 다니나 상무의 요령으로 물리치는 승세이다.

4) ⑨번은 경리자리다. 원래 경리자리는 ④번, ②번, ⑩번 음(陰)을 택하는 것이다.
   이상을 정리한다면 ①번 ②번 ⑨번이 균형과 조화를 이루어 더 큰 발전은 없으나 현상 유지에 머무를 것이다. 그러나 속히 사장 자리를 ①번 동사택(東舍宅) 문에 맞도록 배치해야 성공할 것이다.

(12) ①번 門에 ⑤번 사장자리

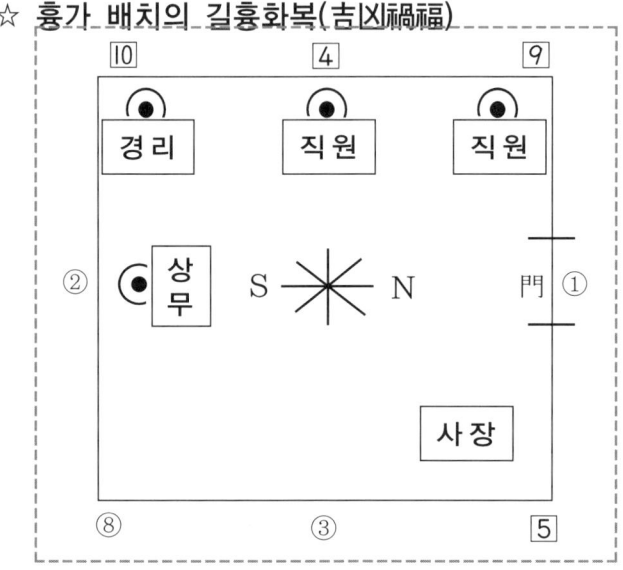

1) ①번 문에 사장 자리는 ⑤번 방향에 위치하여 흉가 배치가 되었다.

2) ①번에 ⑤번 사장자리는 어느 종목의 사업이라도 망하는 자리다. ⑤번은 소남토(少男土)라 능력부족, 경박, 단순한 성정인데다 문과 극이고 또 ⑤번의 토와 ①번 수가 문을 극하는 이치로 망하게 되는 것이다. 어떠한 능력자라

도 견뎌 낼 수 없는 자리로 보아야 한다.

3) ④,⑨,⑩번은 문과 상극이고 ②번은 동사택 제 짝이나 문과 사장위치가 상극이면 모두 상극으로 추리하는 것이다.

4) ④번의 금이 문을 생하나 1, 6수리에 끝나고 살(殺)로 변한다. 살이란 모든 재앙을 말한다. 또 중남과 소녀의 만남은 너무나도 기쁘나 역시 1, 6수리로 또 살로 변한다.

5) ⑨번은 처음은 큰일로 업체를 크게 돕다가 타 업체로 진출하면서 옮기게 된다. ⑨번은 크고, 위대하고, 높은 괘상이다. 어느 누가 그 위치에 배치되더라도 자칭 천자의 마음이 생겨 자기 자신이 배척하고 나가게 된다.

6) ⑩번은 안전격이다. 재물이 크게 모이는 위치다. 게다가 재물이 들어오기만 하고 나가지 않는 자리라 '구두쇠' 부자가 되는 자리니 사업체가 다소 유지된다면 ⑩번의 노련한 힘이라 보겠다.

7) ②번은 ①번 문과 동사택(東舍宅)의 제짝이나 여기서는 자오상충(子午相沖)으로 사업체의 내란이 생기고 ①번 수(水)와 ②번 화(火)의 상극(相克)으로 사업체의 파산을 유발시킨다.

그러나 사장 대문이 ①,②로 되었다면 복가 구성이라 크게 발복한다.
(13) ①번 門에 ⑧번 사장자리

☆ **복가 배치의 이해**

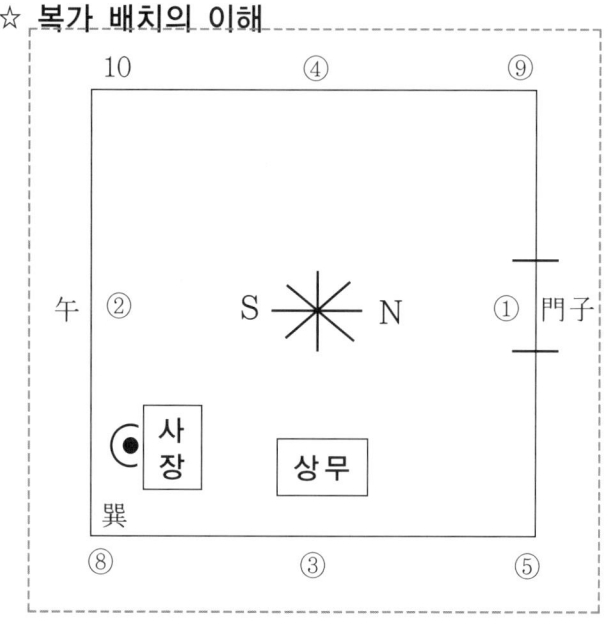

※ 대문은 ①번 자(子)방향인데 이번에는 ⑧번 손(巽)방위에다 사장 자리를 하여 복가(福家) 배치가 되었다.

1) ①과 ⑧은 동사택(東舍宅) 좋은 복가 배치가 되었다.

2) 그것도 중남수에다 장녀목(長女木)이니 수생목(水生木)

으로 계속 크는 기운이 있어서 길한 방위의 구성이다.

3) 혹 부실한 기업일 때는 반짝하는 기세는 없지만 원래 기반이 있는 기업이라면 사업이 꾸준히 잘 되어 신비스럽고 재미있는 일이 많이 생기는 배치법이라 이런 곳은 회사의 규모, 업종에 따라 달라지는 것이다.

4) 예로, 병원이면 백발백중 수술에 성공. '암' 같은 병도 초기라면 의사만 쳐다봐도 사그러질 것이다.

5) 또 만약 가정주택이라면 항상 기쁜 일만 생겨 화목한 가정이 되어 참으로 좋은 자리라 볼 수 있다.

★ **사장 이하 임원의 배치도 중요하다.**

1) ③번은 외부 거래처를 상대로 활약이 많은 중요 직책자가 적격이다. ③번 방향은 묘목(卯木)이라 계속 자라는 성정에다가 ①번에 자수(子水)가 수생목(水生木)하는 이치에 사업의 운영이 잘 되어 크게 번창할 것이다.

2) ②번 방향은 경리, 참으로 좋은 자리다.

3) 이상과 같이 배치가 된다면 그 외 직원들은 서사택 방호인 ⑨번 ⑩번 방향은 그 회사를 크고 위대한 사업체로 이끌 것이니 사장 다음 직책자를 배치하면 적격이 될 것

이다.

(14) ①번 門에 [9]번 사장자리

★ 흉가배치의 길흉화복(吉凶禍福)

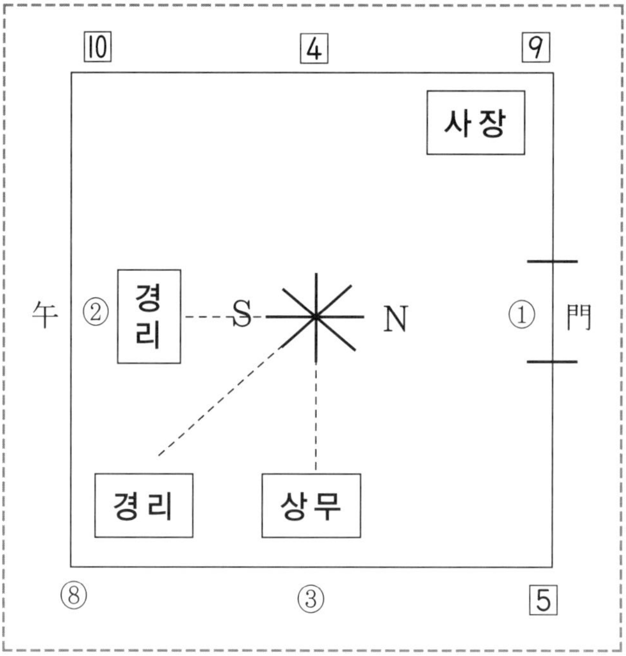

문 : 출입문이 ①번으로 동사택(東舍宅)인데 사장 위치만 [9]번에 하여 불배합(不配合:흉가의 뜻)은 되었으나 경리(經理), 상무(常務), 부장(部長)자리를 동사택(東舍宅) 방호(方號) ② ③ ⑧번에다 힘을 주어 봤는데 어떠 할까요?

답 : ①문과 [9]번에다 사장위치(社長位置)를 한 것은 흉가(凶家) 배치(配置)가 된 것이다.

1) ②③⑧을 몰아 중요 직책자로 힘을 주는 듯 했지만 장차는 더 나쁜 '극'을 받게 되는 것이다.

2) ①번 문과 [9]번 사장 자리로 제 짝과 구성되지 못한 것을 불배합(不配合:동. 서 사택 제짝이 아님의 뜻) 또는 흉가(凶家)라 하여 克하는 이치가 생겨서 매사불성(每事不成)이다.

3) 이를 옛말에 살(殺)이라고도 하였다. '살'에 대한 해로는 크게 4가지인데 관재구설(官災口舌), 파산(破産), 급사(急死), 질병(疾病)이라 전해지고 있다.

4) 그러나 현재 사실상 실습(實習)해 보면 좋은 일이 나쁜 일로 뒤집히는 사례가 더 많다.

5) 요점은 복가와 흉가의 극이 제일 나쁘다는 것이니 배합과 배치를 다시 해야 할 것이다.

6) 사업 품목에 맞추어 제일 좋은 배치를 하는 것은 이 책을 많이 읽으면 얼마든지 좋은 배치를 할 수 있다.

★ 흉가배치의 길흉화복(吉凶禍福) (같은 그림 연결)

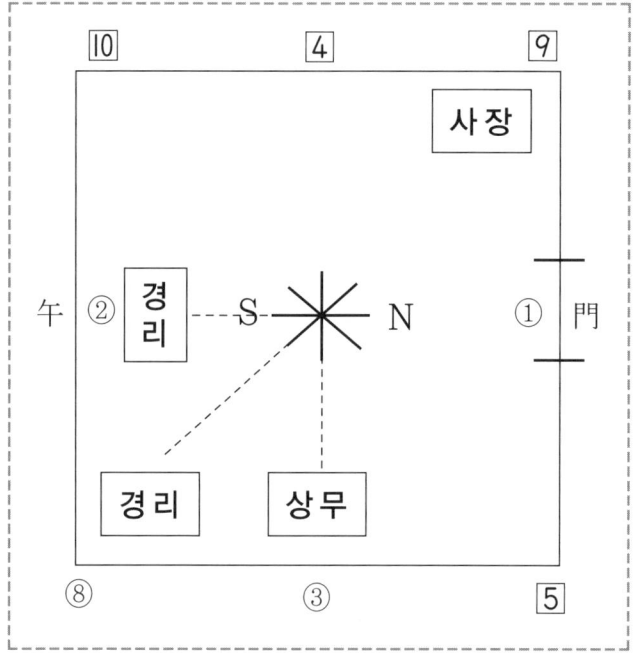

1) 불배합(不配合)에 대한 해로운 일들

⊙ **첫째** … 관재구설인데 옛날이나 지금이나 예기치 않게 구설로 고통을 당하는 일, 애매한 누명 쓰는 일, 금전관계들이 관재로 이어진다.

⊙ **둘째** … 파산인데 옛말에 일조 파산이라 하여 하루아침

에 파산하여 거지가 된다는 말인데 삼풍백화점 같은 예를 들지 않더라도 예외없이 파산 당하는 경우도 많지만 또 사업 부진으로 끝내 망하는 경우도 많다.(부도나는 일들)

◉ 셋째 … '급사'로는 요즘은 차 사고로 죽고 다치는 수가 많으나 옛날에는 '호랑이'한테 죽고 다친다 했는데 그 시절은 차가 없고 호랑이가 많았기 때문이다. 요즘도 차 사고는 많지만 그 외 고층에 낙사, 쥐약의 독사, 괴한의 납치로 암매장 등 억울하게 죽는 경우는 얼마든지 있다.

◉ 넷째 … '질병'이다. 내장병으로 여러가지 병으로 죽고 고생하게 되는데 이상이 '흉가(凶家)' 구성에서 생기는 극과 '살(殺)'에 대한 재앙이다.

2) 다음은 ⑨번의 성정을 본다.

건(乾)은 하늘을 상징하는 괘이니 사장으로서는 위엄을 세울 수도 있는 자리기도 하다. 회사 내부나 외부로부터 최고로 신뢰와 추앙을 받게 되기도 하고 또 사업이나 상품이더라도 최고로 인정은 받게 되나 점차로 회사 운영은 실패를 당하게 된다. 다만 처음 반짝하는 운세이기 뿐이라 흉가 배치의 뜻이다.

★ 흉가배치의 길흉화복(吉凶禍福) (같은 그림 연결)

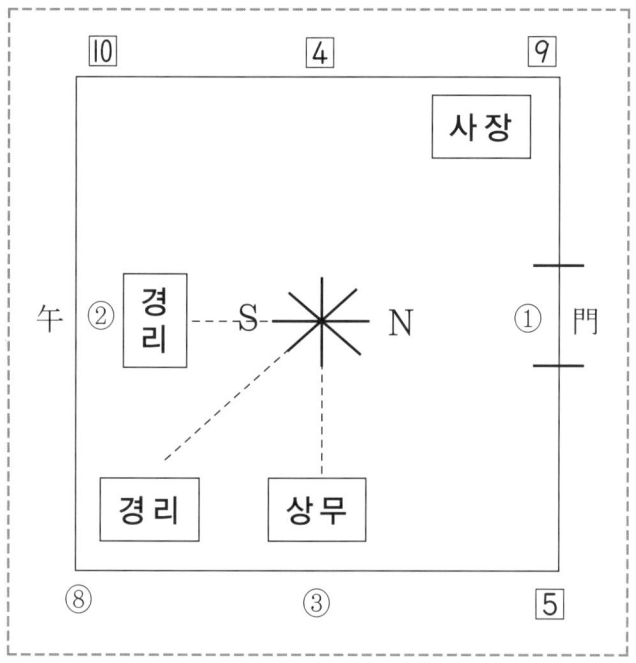

3) ①번 문과 ⑨번으로 흉가배치가 되었기 때문에 모든 일이 뒤집혀 안 되는 일이 생겨 고통을 받게 되다가 파산까지 하게 된다.

이 모두 문(門) 방향과 사장자리의 방향으로 불배합 배치의 이치이다.

4) 오행(五行)풀이 [9]번은 금(金)이고 ①은 수 (水)이니 금생수(金生水)의 이치로 수(水)의 1, 6 수로 약 2년간 생하는 이치로 흥하게 되나 2년이 지나면 반대 현상이 일어나게 되어 있다.

문 : 생(生)은 생(生)일 뿐이지 왜 반대 현상이 오는가?

답 : 해가 기울면 밤이 오는 게 자연이다.

문 : 그러면 또 날이 새는 이치도 있겠군.

답 : 그게 바로 반복 현상인 자연인데 건(乾)의 4, 9 수로 밤과 같은 금(金)의 수이니 약 5년을 사업에 하향세를 겪게 된다고 생각하면 안 망할 장사가 있겠는가? 그렇지만 대기업은 4, 9 금(金) 수로 적자 운영하다 다시 햇빛을 보게 되는 이치도 있는데 이게 바로 오행(五行)의 이치이다.

★ 다음은 ②③⑧번의 해설이다.

1) ②번은 ①번 문과 제 짝으로 배치되어 길(吉)괘이다. 처음은 五行의 이치로 잘 이루어지는데 ②번 2, 7 화(火)의 數이니 약 3년 번창한다.

2) ⑧③번 묘목(卯木)은 3, 8 數까지 잘되고 이 상이 흉가(凶家)의 해설인데 (특히 전편에 말한 관재, 파산, 요절, 병사 등을 극히 면하기 어려운 것이 흉가의 배치이다)

(14-1) ①번 門에 ⑨번 사장자리

☆ 흉가배치의 길흉화복(吉凶禍福)

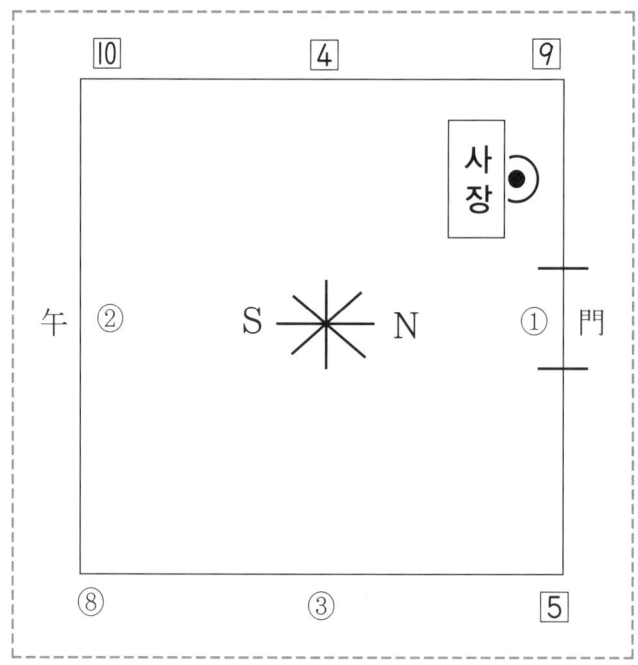

문 : ①번 문에 ⑨번 자리에 사장 자리를 배치하는 것은 흉가 배치가 되는데 ①번은 동사택(東舍宅) 방위고 ⑨번은 서사택(西舍宅) 방위가 서로 만나게 되면 상극살(相克殺)이 되어 흉(凶)한 일이 생기게 되는 이유는 어떠한가?

답 : 길흉(吉凶)을 말해보면 ①번 중남수(中男水) 이고 ⑨번
은 노부금(老父金)이 해당되어 순양(純陽)이 만난 것도
불길하고 또 금생수(金生水)하는 것은 상생(相生)으로
길하게 보는 것이나 동. 서사택의 불배합되는 상극살
(相克殺)이 더 큰 관계로 금생수(金生水)에 상생(相生)
도 불길하게 보는 것이다.

1) 더 세밀하게 분석하면 상생(相生)의 이치가 안 되고 생만
되다가 수국(水局) 水가 1, 6 수리로 잔뜩 부풀어서 터지
게 되는 이치가 생긴다.(풍선 터지는 격)

2) 대개 ①번과 ⑨번으로 사업을 차리게 되면 어느 업체, 어느
공장을 막론하고 실속 없이 대규모로 꿈을 키운다. 그 이치
는 순양인데다가 ⑨번은 높고 위대한 괘상이라 크고 위대한
생각을 하게 되고 또 ⑨번 노부금이 금생수(金生 水)하는 이
치로 처음 사업 시작할 때 반짝 하는 사업 발전이 생기게 되
는 이치가 있게 되어 큰 포부를 갖게 해주는 까닭이다.

3) 반짝하는 발전은 짧으면 1년에서 6년간이다. 6년이 지
나면 예기치 않은 일이 잘못 꼬이게 되어 고전하게 된
다. 만약 위치가 좋은 곳이면 장사는 잘 되나 가정에서
금전손해 아니면 사장이 중풍병이 먼저 생기게 된다. 각
종 질병이 우려되고 길게는 망하게 된다.

(15) ①번 門에 ⑩번 사장자리

☆ 흉가배치의 길흉화복(吉凶禍福)

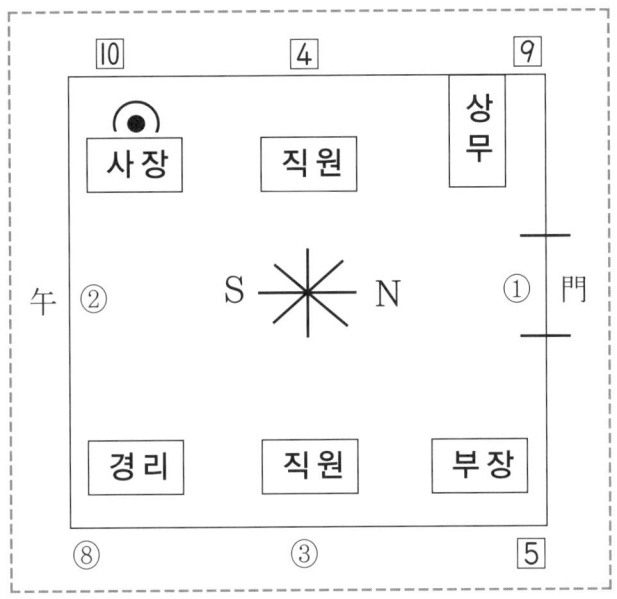

1) 사무실 배치를 감정하는데 제 1로 보는 것이 문방호와 사장위치로서 복가배치와 흉가 배치가 결정된다.

2) ①번과 ⑩번은 상극배치가 되었다. 게다가 ⑩번 노모토(老母土)이고 ①번은 중남수(中男水)이니 토극수(土克水)하는 이치로 본 사업체는 실패하게 되어 있다. 혹 직원들의 자리가 좋다 해도 도움을 받지 못한다.

★ 길흉화복(吉凶禍福)을 모두 풀이해 본다.

1) [9]번 상무는 ①번 문과 금생수(金生水)하는 이치로 1년부터 6년 간은 재물이 생하는 역할이 잘 될 것이나 6년이 지나면 모든 일이 허망하게 이루어진다.

2) [5]번 부장자리는 처음부터 모든 일이 경박하게 이루어져서 자진 사퇴를 하게 되는 자리다.

3) ③번 직원자리는 우선 문과 제짝이 되고 능력에 이해없이 거래처에서 혹은 손님이 좋아하고 도와주는 성정이 있어서 외부거래가 잘 되는 자리다.

4) ⑧번 경리자리는 남자를 상대로 하는 업체라면 참으로 좋은 자리다. 손님이 찾아만 온다면 무조건 거래가 이루어지고 돈도 있는데로 들어오면서 거래가 끈기있게 이루어지는 자리다.

5) [4]번 직원 자리는 외부거래처로부터 사랑을 받는 자리다. 어느 종목의 사업이라도 거래가 순리적으로 이루어진다. 그러나 단점은 회사나 가정주택, 사업처라도 소비성이 많아지는 곳이면서 한편 회사에는 많은 이득을 불러들이기도 하다.

제 2 장

②번 門에 – 7개 방향 해설

(1) ②번 門 – ①번 主 = 복가배치의 길흉화복

(2) ②번 門 – ②번 主 = "복가"배치의 문답

(3) ②번 門 – ③번 主 = 사장위치에 흥망성쇠

(4) ②번 門 – ③번 主 = 새로 소기업을 개업할 때

(5) ②번 門 – [4] 번 主 = 사장자리 길한 재배치

(6) ②번 門 – [5] 번 主 = 흉가배치의 길흉화복

(7) ②번 門 – ⑧번 主 = ⑧③①번에 사장배치의 이해

(8) ②번 門 – [9]번 主 = [4] [5] [10]번에 사장 위치 길흉

(9) ②번 門 – [10]번 主 = 길한 카운터 자리 배치론

(1) ②번 門에 ①번 사장자리

★ 복가배치의 이해

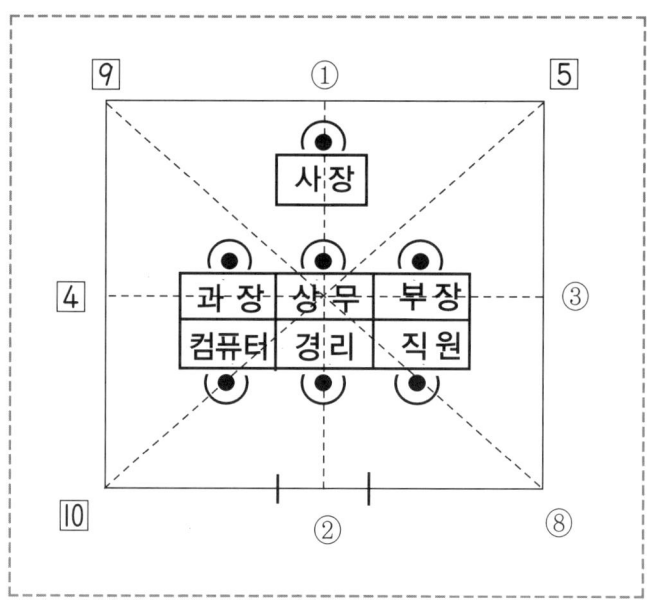

문 : 어느 소기업(小企業) 사무실의 책상배치가 도형과 같이 복가배치가 되었을 때 각 방향별의 길흉화복(吉凶禍福)은 어떠한가?

답 : 본 도형의 배치법은 어느 사업을 막론하고 성공하는 배치법이라 할 수 있다.

1) 또 직원의 책상이 모여 있는 것이 좋다. 화합과 단합된 구성이라 할 수도 있고 또 8 괘의 기(氣)는 고루 받는 것이 강해져서 복가 배치의 개성이 강해지는 것이다.

2) ②번의 경리와 사장과 가까이 마주 보는 것은 좋지 않다. 자주 충돌이 생겨져서 재산상의 손재수가 생길 수 있다.

※ 그 이유는 ①과 ②의 수(水), 화(火) 상극(相克)과 자오상충(子午相沖)의 충돌(衝突)이 생길 수 있는 위험이 따르는 것에 이치가 있다.

3) 큰 기업이면 [10]번으로 경리자리를 옮기고 소기업, 도매상 같으면 ⑧번이 유리하다.

4) 자오상충(子午相沖)을 면하는 방법은 子, 午사이의 거리가 멀거나, 가깝더라도 중간사이에 물건을 적재하거나 가리개를 세우는 것도 방편이 되나 어느 직원이 더 책상을 배치해 앉으면 더 길(吉)한 격이 되어 자오상충(子午相沖)을 면하고 도리어 길(吉)하게 된다.

※ 자오상충(子午相沖)에는 사무실의 외곽이 3:4의 형으로 균형이 맞으면 크게 속발하는 귀(貴)격이 되고, 만약 상충(相沖)이 된다면 패(敗)하는 이치가 따르게 된다.

★ 복가배치의 이해 (같은 그림 연결로 보기)

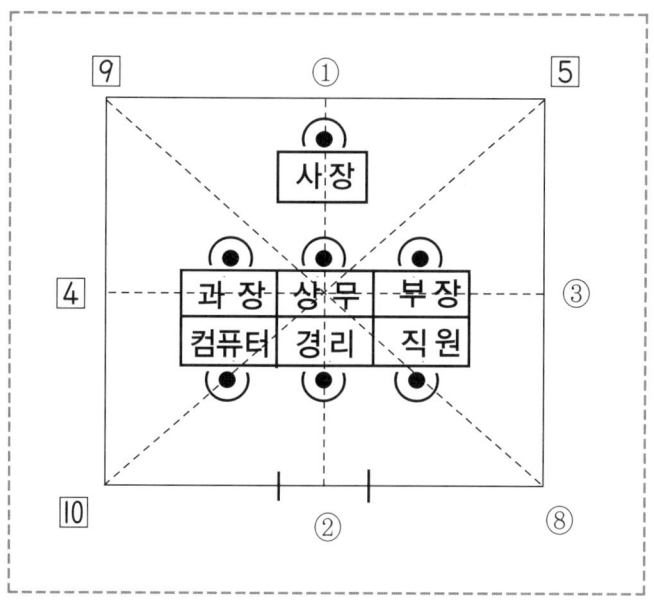

5) ①번 방향 선에 상무(常務)자리가 되고 그곳에서 ②번 선으로 변하면서 경리(經理)가 앉았으니 자오상충살(子午相沖殺)이 되는데 게다가 상무가 사장 앞에 가까이 앉았으니 사장대리 역을 저지른다. 모두에게 미움을 사서 상하게 한다. 잘못하면 ②번 경리와 짜고 금전을 횡령할 우려가 있다. 또는 쫓겨날 우려가 있다.

★ 복가배치의 이해

1) 그래서 상무는 [9]번 과장자리와 바꾸어 주지 않으면 사장을 도와 크게 회사가 발전하겠다.

2) [9]번 과장은 실속 없이 큰소리, 아는척하다 진급도 늦어지고 과 공무에 능률도 부진하게 되어 감원 대상이 될 우려가 있다.

※ ①번 자리로 옮기면 사장을 크게 돕게 되고 회사재정을 증가시키게 되어 두 계급 승진에 표창장 받을 일이 생길 것이다.

3) [5]번 부장위치는 무력해져서 쫓겨나는 자리다. [5]번 위치는 신입 남자사원으로 언변이 좋은 외무사원을 앉게 하면 회사 사업 능률에 크게 도움이 되어 줄 것이다.

4) [10]번 컴퓨터는 맨날 제자리 걸음이다.

※ ②번 자리로 옮겨야 신상품 개발에 혁신이 일어날 것이다.

5) ⑧번은 수금을 잘하는 자리다. 외상 거래가 많은 업종이면 ⑧번 자리에 경리직원을 보내라. 물론 여자 직원이면 더욱 좋으나 ⑧번에 여자직원을 오래두면 사장과 바람 날 우려도 있는 자리다.(이는 사장이 조심해야 하는 자리다.)

(2) ②번 門에 ②번 사장자리

☆ 복가배치의 문답

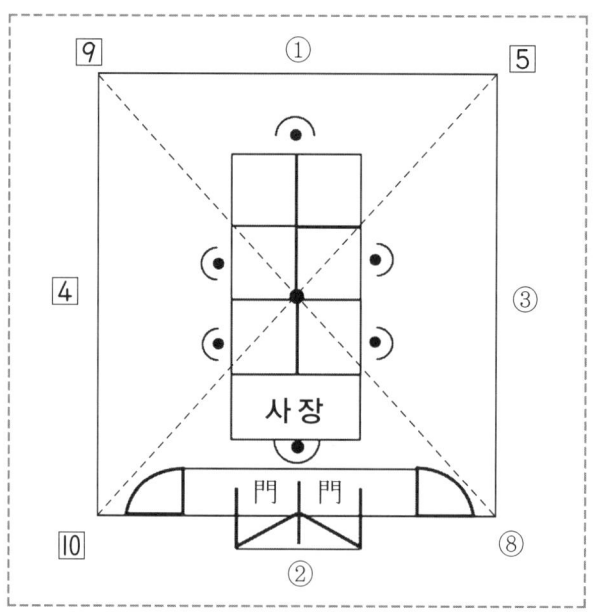

문 : 어느 사무실을 가보니 도형과 같은 배치였다.
  전례 없는 출제라 전혀 모르겠는데 어떻게 설명이 되나?
답 : 이것이 바로 문 방호와 주(主 : 주인자리)가 한 곳에 위치하는 것이다. 물론 복가배치임에는 틀림없다.

즉, ②번 문에 ②주라 발복의 개성이 약하다하나 때로는 특이한 변복(變復)으로 발복에 기적이 일어날 수도 있다.

그러나 문, 주(門, 主)가 한자리를 차지한 것은 개성이 없는 배치라 하여 사업상에 있어서 변화가 없어 복가(福家)임에는 틀림없어도 크게 발전을 바랄 수는 없는 것이라 옛 고서에 적혀있으나 그래도 사원배치를 잘하면 큰 발전을 바랄 수도 있고, 기적 같은 발복도 있다.(단, 가정집이면 무조건 10년 특이한 발복을 한다.)

1) (예) 공장운영이면 공장장을 ①번에 배치 한다면 길하다.
  1, 공장 운영이 잘 되고,
  2, 생산이 증대,
  3, 새로운 개발,
  4, 판매증대,
  5, 부채가 없어지고 자기 재산이 모인다.
  이상과 같이 발전할 것이다.

2) 그러나 ①번에다가 혹 상무, 부사장, 고문격 인사를 배치하면 항상 제자리걸음을 걷게 될 것이다.

문 : 의심나는 것은 8괘 즉 (1, 2, 3, 8 = 4, 5, 9, 10)번 방향에 나누어 있지 않고 한군데로 모였으니 8괘 개성 적용력은 어떠한가요?
답 : 책상이 중앙에 한 덩어리로 모일수록 8괘 기(氣)의 개성이 강하게 마련이다.

(3) ②번 門에 ③번 사장자리

☆ **사장 위치에 흥망성쇠가 매어 있다.**
 - 동,서사택의 구성을 재복습하여 바로 알자.

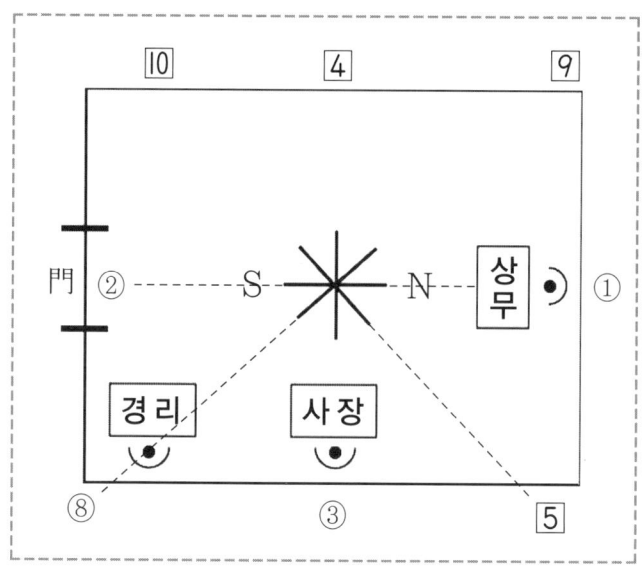

문 : 사무실 중앙점에 패철(佩鐵)을 놓고 보니 ②번 방향에 출입문이 나있는데 길한 배치는 어떻게 되나요?

답 : 문을 중심으로 동,서사택을 분별한다. ①, ②, ③, ⑧번이 동사택(東舍宅)인데 ②번 문(門)이니 동사택(東舍宅)이 되었다.

길(吉)한 책상배치 구성이란 출입문과 사장자리가 제짝인 ①, ③, ⑧번 방향선에 배치 구성되어야 길한 복가배치가 된다. 길한 배치에는 사업이 번창하게 되고 사람도 그에 따라 건강해지는 이치가 따르게 된다.

1) 또는 출입문은 ①, ②, ③, ⑧번에 있는데 사장위치가 [4], [5], [9], [10]번에 가 있다면 흉가 배치가 되어 매사불성이다.

2) 그러나 ①, ②, ③, ⑧번 방향에는 각기 개성의 이치가 다르다. 그 사무실을 사용할 사업에도 여러 종류가 있다. 사업을 새로 개업하거나 또는 신장개업인 경우 회사가 이전하여 새로 책상배치를 하는 경우가 있으니 다음 설명에 각 직책에 알맞은 동,서사택의 각 번호 방향(方向)을 잘 선택해야 한다.

3) 사업을 새로 시작할 때나 신장개업을 할 때 3년 기간이 가장 중요한 시기라 볼 수 있다. 그래서 옛말에도 새집 짓고 3년이요, 새 사람(며느리) 들어오고 3년 지나가기가 어렵다 는 말이 있듯이 사업에도 직무실에 책상 배치법이 그렇게 중요한 것이다.

4) 문(門) 방향과 사장위치를 복가 배치를 할 때 구빈법(救貧法)이라 하여 3년 내에 반짝하는 성공배치를 한다면 거의 성공 사례가 많을 것이다.

(4) ②번 門에 ③번 사장자리

★ 새로 소기업을 개업할 때

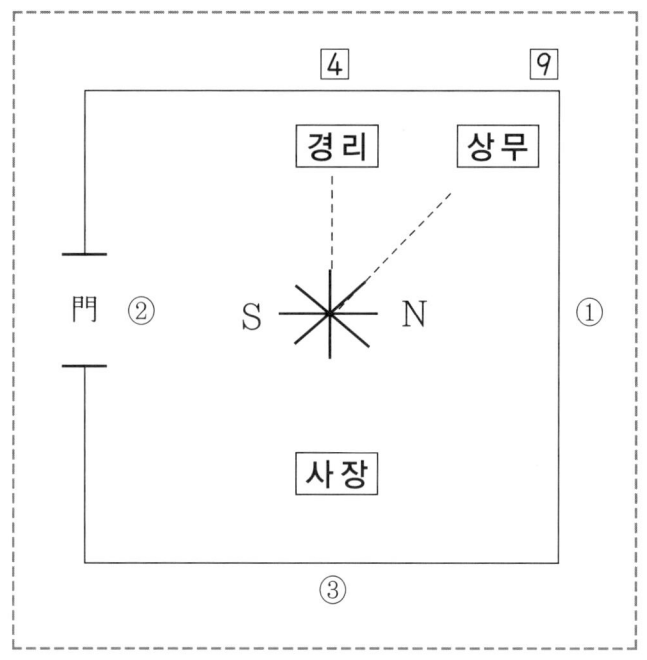

문 : 수출기업을 시작하는 두려움에 직원 배치에 신경이 쓰이는데 속발(速發)하는 방법은 없는지요?

답 : 수출의 배치 방법.

1) 도면과 같이 개업을 할 때 ②번 문 일 때는 ③번 방향에 사장위치를 정하는 것이 첫 순서이다.

2) ②번은 중녀화(中女火)이다. 불길 같은 강한 재궁(財宮)과 '음'의 뜻도 크지만 자연의 법인 '현무, 주작(玄武, 朱雀)'하는 밝은 귀(貴)를 상징하는 대격에다가 ③번 장남목(長男木)하는 동방에 해가 솟는 '양'의 뜻도 큰 데다가 상생(相生)도 목생화(木生火)의 相生 이치가 상업에는 제일이 될 것이다. 이와 같은 강한 구성이 아니고서는 새롭게 시작하는 사업이 성공할 수 없다는 게 양택풍수(陽宅風水)의 이치이기도 하다.

3) ④경리 자리를 한 것은 좀 위험 하나 참 잘된 것이다. 위험하다는 것은 흉방을 사용한다는 것이 문제 인데 ②번 대문에다가 ③번 사장 자리가 너무나도 강한 복가 인테리어가 되어 특이한 재미를 볼 것이다.

4) ⑨번도 흉방이나 동.사택 배합이 강하여 아주 큰 사업 계획을 창출하여 대문 화(火)에 불같은 이치로 바로 발복 할 것이 약속 되는 인테리어가 되었다.

★ 새로 소기업을 개업할 때 (같은 그림 연결로 보기)

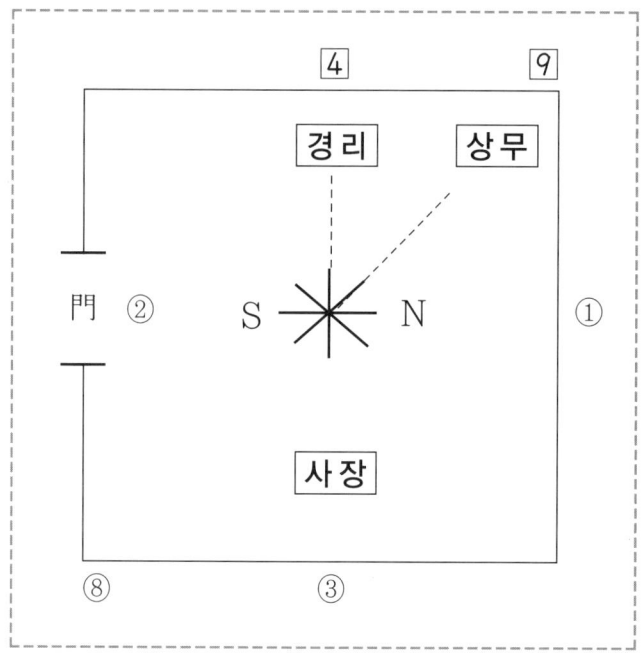

★ 재배치의 요령

5) 여기서 더 말해 둘 것은 크게 성공했을때 그 배치로 계속 사업을 하여도 좋은 자리기는 하나 더 큰 대기업이 소원이라면 사장자리를 더 클 수 있는 자리로 재배치 해야 한다.

6) 재배치 될 자리는 ①번 지점이다. 그러나 ①번 방향으로 갈 수 있는 업체는 대기업으로 발돋음 할 능력이 되었을 때 행하는 것이지 영세업체를 면하지 못하는 업체가 함부로 ①번 지점으로 이동 재배치하게 되면 절대 안 된다.

※ 예를 든다면 '포니'승용차가 고속도로에서 '그랜저' 차를 추월하려다가 돌 뿌리에 채여 뒤집히는 꼴과 같아진다.

7) 그러면 ②번과 ③번으로 길(吉)한 배치가 되었는데 상무, 경리는 반대쪽인 ④번 재궁에 배치하고 ⑨번인 건(乾)궁에다 상무자리를 배치한다면 많은 변화에 더 빨리 성공하는 방법도 있다.

★ 흉방사용의 주의법

※ 그러나 신장개업이나 처음 시작하는 사업에는 위험한 배치가 될 수도 있다. 본 회사에 기반이 부족한데 반대 ④ ⑨번 방향을 이용하다가는 도리어 반파의 현상이 올지도 모른다.

★ 새로 소기업을 개업할 때 (같은 그림 연결로 보기)

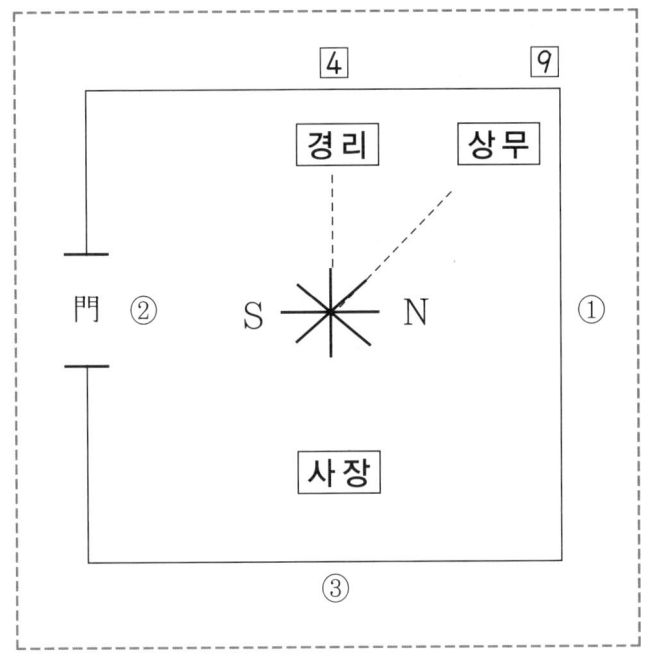

1) 동, 서 사택간에 반대 흉방을 사용하는 것은 일종의 모험인데 단 제자리 방향을 다 사용하고 부족할 때 조심있게 사용할 것이나 내 능력이 강할 때는 반대 흉방이 더 좋은 기적을 일으키는 수가 생기는 것은 사실이다.

2) 안전하게 배치하자면, 상무자리는 ①번 위치가 참으로 적합한 자리다. 그러나 ①번 자리의 사장 자리로 위치하자면 본 회사에 능력이 있어야 갈 수 있다.

상무는 직책이 장사하는 직이라 위험이 없고 가장 장점이 되는 것은 회사에 직무가 회사를 위한 외교 및 상거래가 불같이 이루어지는 ①번 자리로 가는 것이 길하다.

3) 그 이유는 ①번은 중남수(中男水)이고 ②번 문은 중녀화(中女火)로 음양(陰陽)이 배합되어 길하나 자오상충(子午相沖)에 수화상극(水火相克)은 불길하게 보일지 모르나 동.사택궁에 한 짝궁(配合宮)이 된 것이 더욱 큰 진리라 '충과 극'의 이치는 사업상에 있어서 '충'하고 (충돌. 찌르고) '극'하여 (이겨서) 본 회사에 이득만을 취하게 된다.

※ 우리가 살아가는 생존경쟁이 모두가 하나의 시비의 경쟁으로 보면 된다.

4) 끝으로 말할 것은 변호사 사무실이면 처음부터 ①번에다가 변호사 위치를 정하라. 변호사의 직분은 모두 시비를 해서 승소해야 하는 직무이므로 일거리도 많아지고 모두 승소가 약속되는 자리기도 하다. 경리자리는 ⑧번으로 하면 대길할 것이다.

(4-1) ②번 門에 ③번 사장자리

☆ 사장자리 길한 재배치

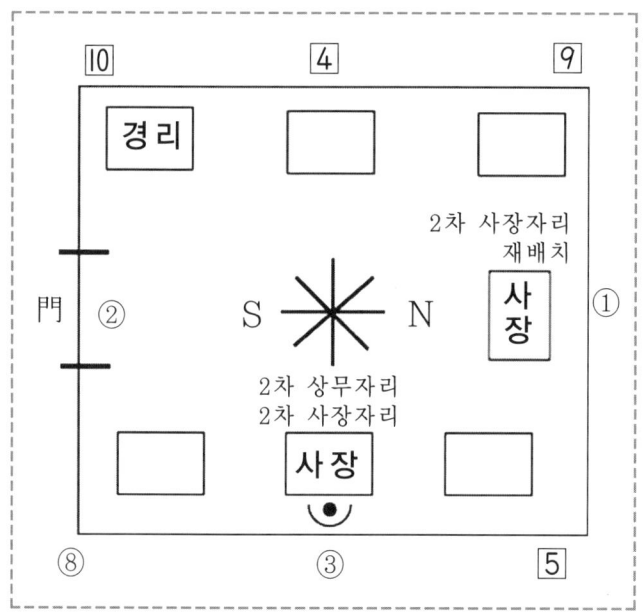

※ 선생과 제자가 주고받는 이야기이다.

문 : ②번 문에 ③번을 사장자리로 하였는데 3년이 지나도 사업이 될 듯 하면서 발전이 없을 때 더 좋은 배치의 구성법은 없는지요?

답 : 있다. 그런데 우선 자기의 분수부터 알아야 한다.

문 : 그러면 현재하고 있는 재산의 능력을 말하는 가요?
답 : 아니다. 적은 상점이 당대 국부가 되는 일도 많은데 그 재산의 능력의 분수를 말하는 것이 아니다.

문 : 그러면 경영, 경제, 관리에 대한 교육, 인격의 분수인가요?
답 : 그것도 아니다. 교육수준은 벼슬에 필요하나 돈 버는 데 필요한 교육(敎育)은 돈을 벌면서 실지로 배운 것이 더 가치있는 학문이 되는 것이다.

여기서 말하는 자기 분수란 이 세상에 나올 때 첫 머리가 나오면서 그게 운명이니 8자니 하는 선천 8자의 그릇이 얼마나 크냐 적으냐 하는 분수를 말하는 것이다. 말하자면 포니는 80킬로를 달려야 안전하고 그랜저는 120킬로를 달려야 안전하니 더 욕심을 내지 말라는 뜻이다. 욕심이 더 커지면 사고를 유발하는 게 진리이다.

☆ 사장자리 길한 재배치 (같은 그림 연결로 보기)

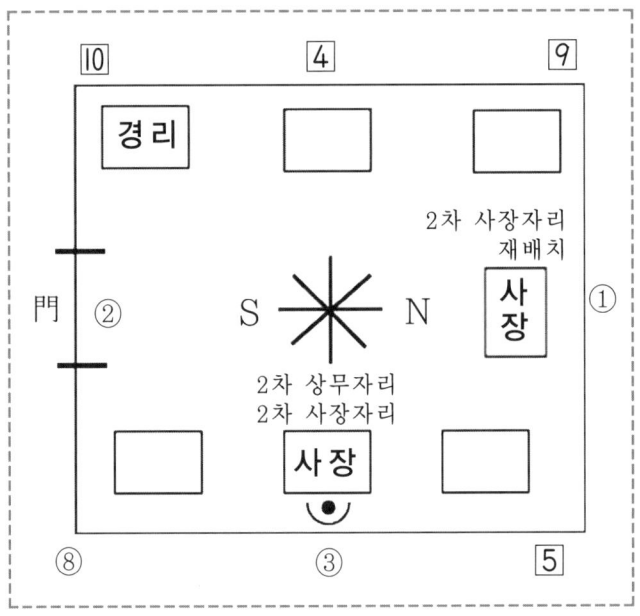

※ 사주 8자의 대운(大運) 발복(發福)도 대단히 중요하다.
1) 다음은 누구나 일생을 살아가는데 있어서 사주 8자에 대운(大運)이 있게 마련인데 대운이 따르지 않을 때는 아무리 좋은 복가(福家)배치를 해도 빠른 발전이 안 되는 것이다.

● 운이 없을 때는 현상유지에 열심히 하고 다음 대운(大運)을 기다렸다가 투자 확장을 하는 것이 정석이라 할 수 있다.

★ 사장자리 대운이 없을 때는?

2) 이럴 때는 자기 분수를 지켜 다음 운세를 대비하여 자기가 하는 업체의 기술 연구하는 것, 더 배우는 것으로 자기의 인격을 더욱 높이 개발하는 것이 바로 후천 8자의 개발이라는 것이다.

3) 그 아무리 큰 인물의 운명이라도 배워서 개발하지 않으면 미천한 것이다. 인생은 선천 8자가 50%이고 후천 8자가 50%라 하나 더 노력하면 더 높이 개발된다고 역서(易書)에 이른 것은 사실이다.

4) 이럴 때 고서『양택삼요 양구빈(중국의 풍수명사)』의 말에 의하면 ②문에 ③번 사장자리에서 발전이 부진하거든 지체 말고 ②문에 ①번에다 사장자리를 이동하라 했다.

※ 사람에 8자 타령이 무슨 소용인가. ②번과 ①번에 배치하는 것은 자연의 원리에 순응하는 것이요, 자오상충(子午相沖)과 수화상극(水火相克)의 이치가 조화되면 운세와 복을 같이 받을 수 있는 현상이 와서 자연히 혁신(革新)되는 것이라 했다.(혁신은 하기 어려우나 반드시 해야 되고 이루면 크게 형통한다는 것이다)

☆ 사장자리 길한 재배치 (같은 그림 연결로 보기)

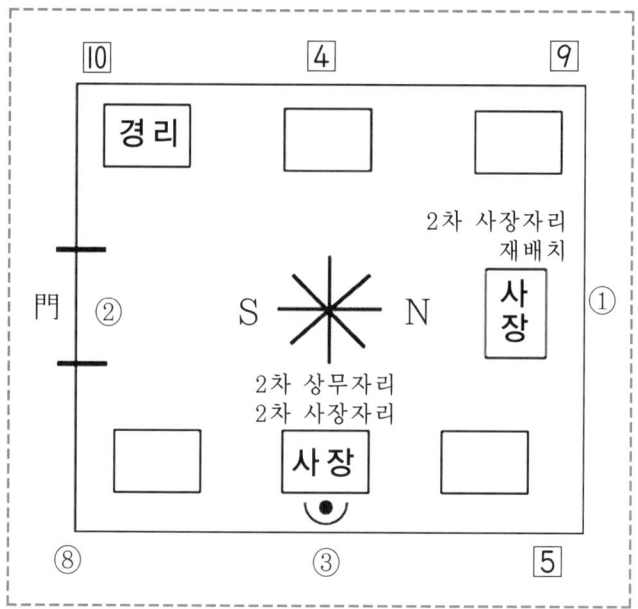

※ 양구빈(楊救貧) 고서를 살펴보면

※ 양구빈 고서에서 더 말하기를 상무를 ③번에 하고 특히 경리자리는 ⑩번으로 해야 회사에 번영과 재산에 안정이 올 것이라 했다.

※ ②번 문과 ③번 상무자리는 문과 목생화(木生火)하는 이치(理致)가 있고 음양배합(陰陽配合)에 길(吉)한 원리가 조화되는 방법이다.

※ ②번 문과 [10]번 노모토(老母土)의 큰 재궁(財宮)을 사용하는 것은 큰재물을 융통시키는 근본이 있으나 서사택(西舍宅) 극 방향을 사용하는 것은 혁신의 뜻이 크게 작용할 것을 내다 본 것이다.

※ 또 양구빈 명사가 더 말한 것은 남아있는 [4], [9], [5], ⑧번도 그 방향의 성정에 맞도록 골고루 배치해야 혁신의 효과가 있을 것이나 한 곳이라도 비우면 8괘의 순환이 불통되는 것이라 강조되어 있다.

※ 반대 흉방은 한곳은 남기고 3방향만 사용하는 것으로 비워두지 말고 문건 적재라도 하여야 하는 것이 8괘 순환의 이치라 하였다.

(5) ②번 門에 ④번 사장자리

★ 흉가배치의 길흉화복(吉凶禍福)

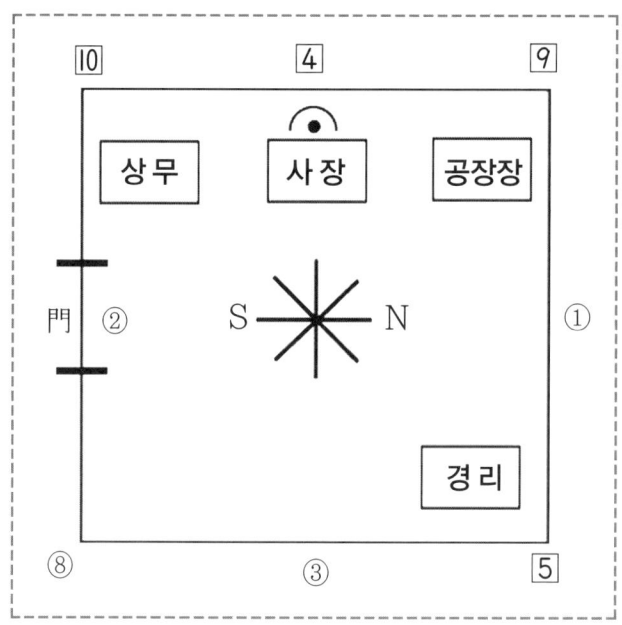

※ 문(門)과 주인 자리가 동. 서(東西)사택으로 갈라지면 흉가(凶家)가 되는 것이다.

★ 착각문제

문 : ②번 문과 ④번 사장자리로 흉가 배치(凶家配置)가 되었지만 그림과 같이 서사택(西舍宅) 번호인 ⑤, ⑨, ⑩번에다 공장장(工場長), 경리(經理), 상무(常務)를 배치

(配置) 한다면 문(門)은 동사택(東舍宅)이 되더라도 많이 점령한 쪽으로 힘이 쏠려 서사택(西舍宅)으로 변하지는 않는가요?

답 : 이와 같은 질문(質問)은 처음인데 가상(家相)공부에 가장 착각(錯覺)하기 쉬운 문제(問題)가 바로 이와 같음이라 참으로 좋은 질문이다.

★ 해설

1) 여러 번 반복(反復)되는 강조이지만 문(門)과 주(主) 위치 즉 사장자리로서 東舍宅 '복가'와 西 舍宅 복가(福家)가 구성(構成)되는 것이다.

● 더 말하자면 ①, ②, ③, ⑧번에 문과 주(主) 위치의 배치로써 복가(福家) 구성(構成)이 되면

● [4], [5], [9], [10]번 서사택(西舍宅) 방위는 동사택(東舍宅) 방위에 대해서 흉(凶)방위가 되는 것이고

※ 또 반대로 [4], [5], [9], [10]번으로 문방호와 사장자리가 배치되어 복가구성이 되면

※ 동사택(東舍宅)①, ②, ③, ⑧방향이 흉방이 되는 것이다. 그러니 길흉화복(吉凶禍福)을 추리함에도 특별히 참작해야 되는 것이다.

★ 흉가배치의 길흉화복(吉凶禍福)

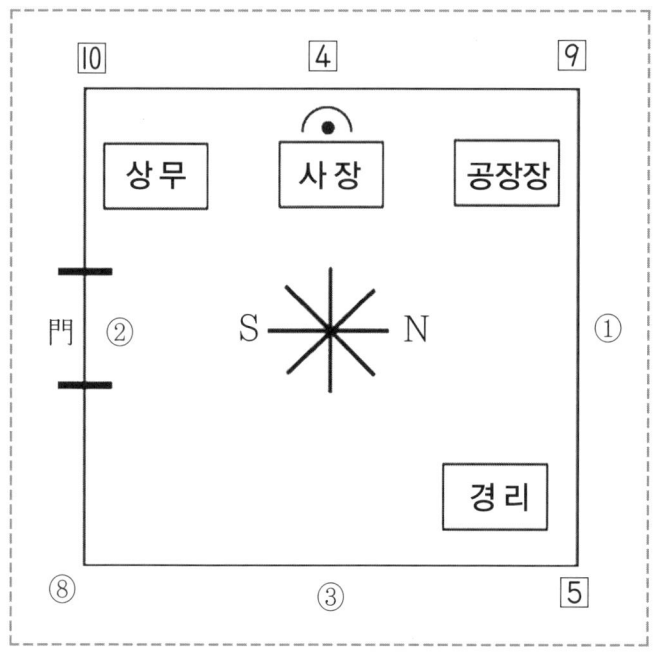

1) ②문과 ④번 사장자리는 우선 흉가배치라 매사불성을 면할길 없다.

2) 문주순음(門主純陰):문이라 사장자리와 문 방향(門方向)이 모두 음(陰)에 속하니 모든 사업이 좌절되고 금다화식(金多火息:화가 금을 극하나 금이 많으면 도리어 불이 꺼진다(뜻))의 이치(理致)로 한번 거래를 한 손님은 두번 다시 찾아오지 않는다.

3) 예로 공장이면 호랑이를 그리다가 고양이를 그리는 형상이라 사업 발전을 이루지 못한다.

4) ⑩번 자리에 상무(常務)는 기회만 있으면 금전을 뒤로 빼돌리는 짓을 할 것이 사료된다.

5) ⑨번 공장장은 그 회사가 빨리 부도나기만 기다리다 기업 전체를 먹어 버리려고 기회만 노리고 있다. 역시 시일이 지나면 충분히 이루어지는 이치라 볼 수 있다.

6) ⑤번 경리는 어려운 사업운영의 금전 출납을 잘하여 사장에게 보좌하다 사업체가 부도날 때 서로 사랑하게 되어 살림을 차리게 된다. 부도는 나도 챙겨둔 금전이 있어 숨은 살림 차리는 데는 충분할 것이다.

(6) ②번 門에 ⑤번 사장자리

☆ 흉가배치의 길흉화복(吉凶禍福)

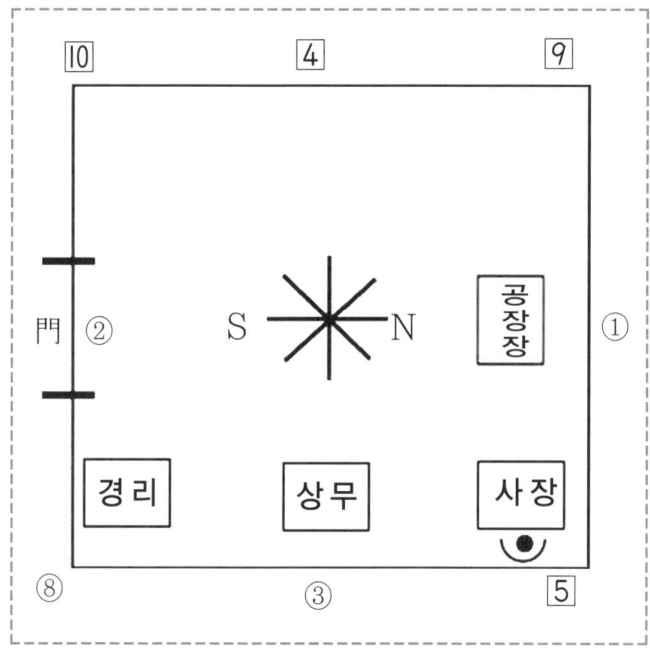

문 : ②번 문과 ⑤번에 사장자리가 된 것은 흉가 배치(凶家配置)가 된 것이다. 그 대신 상무, 경리, 공장장은 ②번 문(門)과 배합되는 ①, ②, ③에 배치되었는데 ②번 문에 짝인 동사택(東舍宅) 방위가 점령되면 길한 징조가 생기는지요?

답 : 어쨌든 ②번 문과 [5]번 사장(社長)자리가 잘못되어 흉가배치(凶家配置)가 되면 매사불성(每事不成) 그대로 망(亡)하게 되는 것이다.

1) ②번 문에 맞는 ①, ③, ⑧번에 중요 직책을 배치했다하여 좋은 복이 오는 것이 아니다. 반파현상이라 하여 더 급히 망하는 수도 있으니 더 나쁘게 될 지도 모른다. 이것이 바로 음양(陰陽)의 조화이치라 할 수 있다.

★ 길흉화복(吉凶禍福)

1) ②번 문과 [5]번 사장자리는 상업이든 공장이든 간에 처음에 5년 간은 불티나게 거래가 잘 이루어져 단단하게 한 목 잡게 된다.

2) 이렇게 되면 누구나 간덩이가 부어서 하늘 높은 줄 모르고 그 자리에서 투자 확장을 분수에 넘치도록 하다 일조파산을 하게 되는 예가 많다.

3) 이때 풍수 인테리어를 알고 있다면 더 크게 점차적으로 발전할 수 있는 묘책을 쓸 것이다.

☆ 같은 그림 연결로 보기

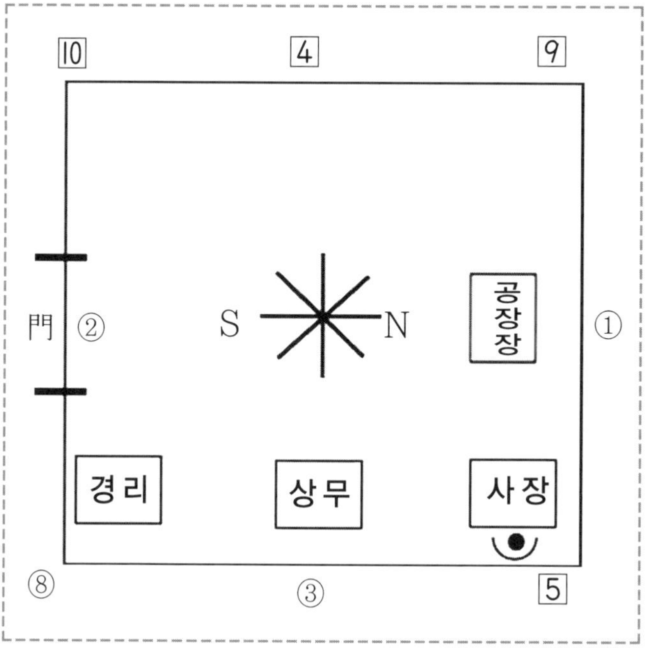

4) ①③⑧번은 ②번 문과 동사택 짝이라 5년 간은 사업이 잘 되도록 조화가 되어 [5]번 사장을 도와 사업을 번창하게 하다 5년 후 파산이 되는데 [5]번은 소남토(少男土)로 5년이 지나면 ②번과 [5]번은 살(殺)로 변하는 과정에 당하는 이치라 할 수 있다.

5) 다시 말하면 ② 중녀화(中女火)가 화생토(火 生土)이치로 극히 잘 되기도 하는 기적이 일어나기도 하고 처음부터 안 되기도 하는 이치(理致)가 있다.
이는 동·서사택의 불배합(不配合)에서 생기는 이치라 할 수 있다.

6) 다시 말해 5년 간에 망하지 않으면 크게 성공한다는 뜻이다. (이를테면 사람의 태양 (太陽)체질이 바보 아니면 천재라는 뜻과 같은 이치가 된다.)

7) ①번에 공장장은 처음 5년간에 가장 공장 일에 성과를 올리게 하는 역할을 했을 것이나 파산 직전에 불신을 받는 일이 생겨 사퇴하게 되고 원한을 품게 된다.

8) ③번 상무와 ⑧번 경리는 부도 직전에 연애가 무르익어 가다 공장이 파산되면 상무가 경리와 합세하여 사장을 몰아내고 공장을 송두리째 먹어 삼키는데, 이에 원한을 가진 ①번 공장장이 동조하는 듯 하다가 사장이 됨으로써 뒤에 나타난 공장장이 장악하게 된다. ③, ⑧의 음양(陰陽)이 합(合)치는 이치(理致)는 (주역에 뇌풍상박(雷風相薄 : 동사택(東舍宅)에 짝이 되어 뭉치는 이치와 같다.) 이와 같은 이치가 周易 에서 말하고 있다.

(7) ②번 門에 ⑧번 사장자리

☆ 사장자리 ①, ③, ⑧번의 개성을 논해 본다.

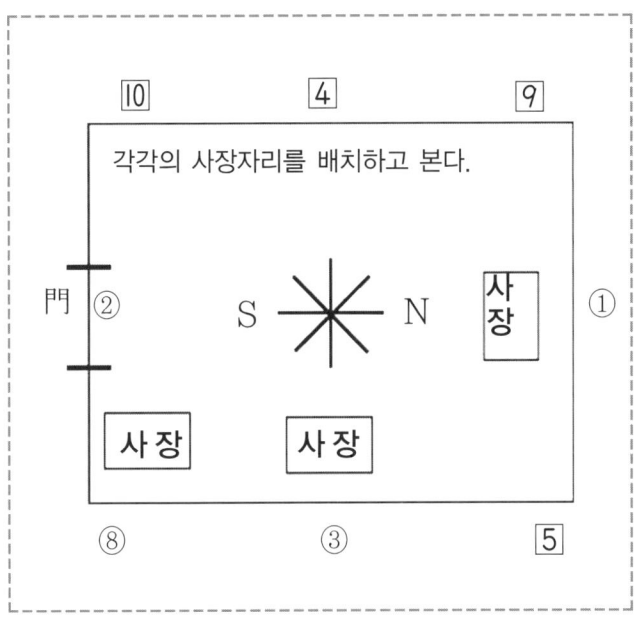

문 : ②번 문을 중심으로 해서 사장위치 ①③⑧에 배치되었는데 각 방향별 개성이 어떠한지요?

답 : ①, ③, ⑧ 번 사장 위치의 해설

★ 길흉화복(吉凶禍福) 해설

1) ②문에 ①번 사장자리 – 가상학(家相學)에서 가장 길한 배치법(配置法)이다. 사업이 작으나, 크나, 신장개업이나 모두 길한 자리가 틀림없다. ②번 중녀화에다 남쪽문이고 ①번은 중남수이므로 북쪽에 좌를 해서 가장 정상적인 배치가 되었다.
특히 음양(陰陽)이 제짝을 만났고 자오상충(子午相沖)과 수화상극(水火相克)은 자연의 원리 현상이니 인생철학에 길한 원리가 되는 현상으로 이보다 더 좋은 배치법은 없다.(단, 기업체가 클수록 더욱 발전형)

2) 그러나 사업, 상업에 있어서 처음 시작하고 2년 7년 주기에 파동이 생기면서 좋은 방향으로 고비를 넘기게 되나 그래도 변호사 사무실이나 여자를 상대로 한 사업체이면 '2, 7'주기의 파동이 없다.

3) 변호사 사업은 시비를 다루는 사업이라 극과 충의 이치로 더 좋은 편이 되고 북방수는 미남격이라 여자가 제비족한테 빠지는 격과 같아서 상업의 거래가 잘 된다.

☆ 같은 그림 연결로 보기

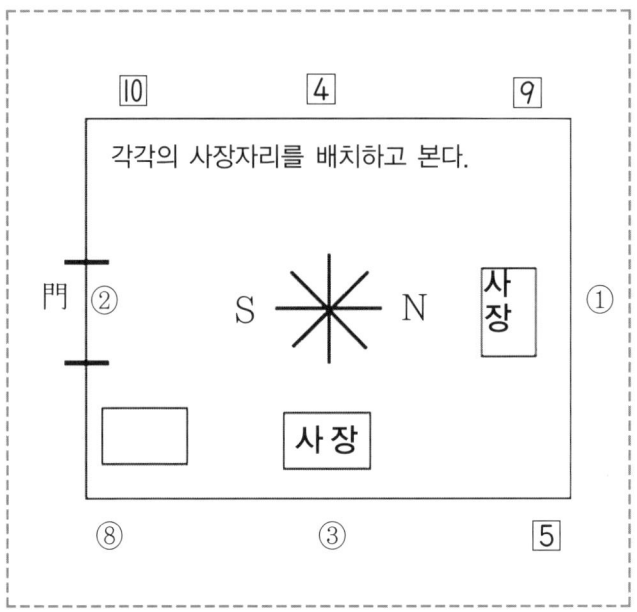

4) ②번 문에다 ③번 사장 자리를 배치한 것은 동방에 마른 나무가 ②번 불에 들어가 타오르는 현상으로 크게 부자 되고 발전(發展)이 빠르다.

※ 묘좌(卯坐)에서 문(門)을 생(生)하는 이치는 거래하는 상대방에게 길한 득을 주는 이치도 따르게 되어 있다.

5) 즉, 거래처가 물건을 도매로 사다 소매를 해보니 이익도 많지만 다른 도매상에서 사온 것보다 훨씬 잘 팔리더라는 미신같은 재수가 있다는 것. 어찌보면 연때가 맞았다는 뜻인데 기(氣)가 서로서로 상통되었다는 뜻이기도 하다.

   우리가 사업을 하는데 잘 되었으면 하는 마음에 어디다가 의지하려니 부적도 사보고 돼지머리에 절도 해보지만 다 터무니없는 미신이다.

   과학적인 풍수 인테리어에 의지하여 좋은 가상법 인테리어에 맞추면 다른 것을 생각할 필요없이 잘 된다.

※ 여기서 더 특이한 이치는 문은 중녀(中女)요, 좌는 장남(長男) 총각의 괘상(卦相)의 성정(性情)이니 특이한 '음, 양'의 조화일지도 모른다.(즉 총각은 부녀자를 더 좋아하게 한다는 뜻)

☆ **같은 그림 연결로 보기**

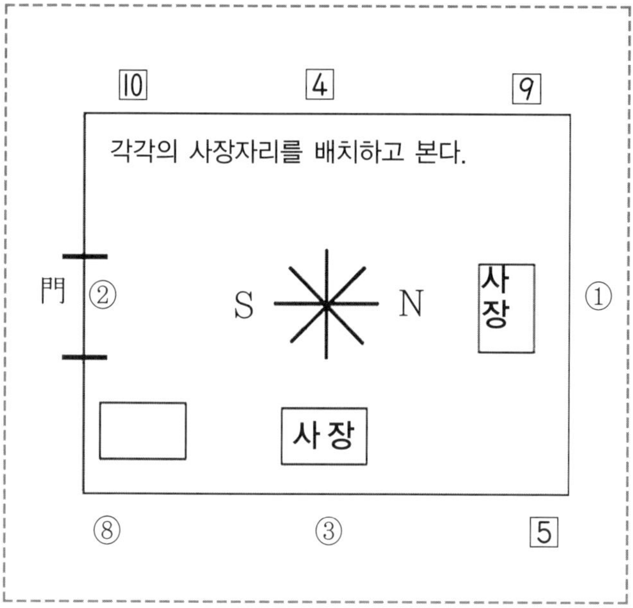

※ 회사나 공장이나 또는 가정집도 대문(大門)은 양(陽)의 방향이라야 하는 것이 원칙이다.

※ 양방향은 도면에서 홀수 ①. ③. [5]. [9]방향이고 음방향(陰方向)은 ②. ⑧. [4]. [10]번 방향이다.
②번 문에다 ⑧번 사장자리 … 이번 배치 구성도 동사택(東舍宅)의 배합이니 길한 배치법이라 할 수 있다. 그러

나 ①③번에 비하면 차길(次吉)이 된 자리다.
문(陰門)과 사장자리가 다 같이 음(陰)이 되었다는 점인데 음(陰)의 장단점을 말하자면 처음에는 금전이 반짝하게 많이 들어오다가 사업 부진으로 하향세를 맞게 된다. 그는 음양(陰陽)에 배합(配合)을 이루지 못하는데 이치(理致)가 있다.

③ 예로 승승장구하는 이치는 음(陰)과 양(陽)의 배합에서 이루어지는 것이다. 그러나 문방호가 양(陽)이면 더 귀한 발전을 약속할 수 있다.

기름끼리 짝을 짓고 물은 물끼리 배합이 먼저 이루어지듯이 많은 사람이 한 장소에서 만남을 갖게 되면 여자는 여자끼리 남자는 남자끼리 만남이 우선 시작 되듯이 ②번 중녀(中女)와 ⑧번 장녀(長女)도 그와 같다.

여(女)는 음(陰)이고 음(陰)은 돈, 재산으로 본다. 그러니 돈과 돈이 만나는 이치는 처음(陰)에 반짝하는 부자가 된다라고 말한 것이고 그 다음 더 잘되자면 음(陰)과 양(陽)의 배합이 되어야 변화(變化)가 이루어져서 만사 승승장구하는 이치가 생기는 것이다.

(8) ②번 門에 ⑨번 사장자리

☆ ④, ⑤, ⑨, ⑩번 자리에 주인 위치를 하고 길흉을 논한다.

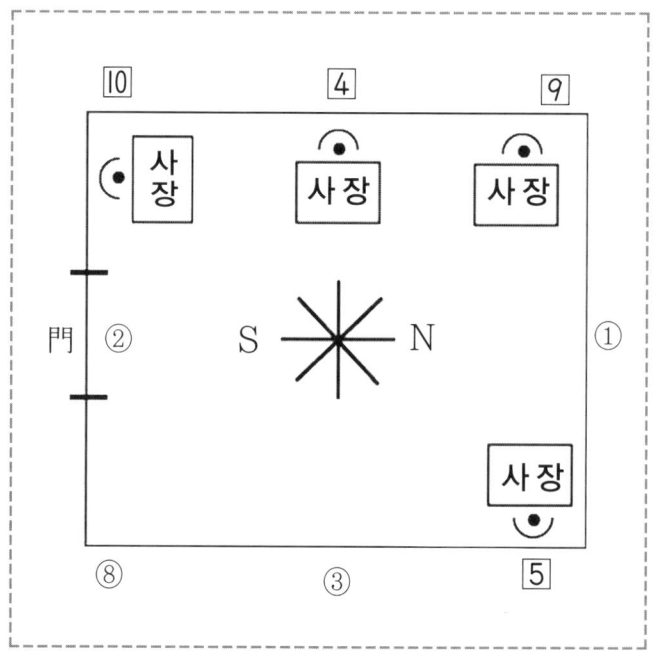

문 : 흉가(凶家)와 복가(福家)의 배치방법에 대해서 "재복습"을 하고자 하네요.

★ 복가(福家)의 이치

답 : 1) 복가(福家)와 흉가(凶家)가 되는 것은 출입문(出入門)을 중심으로 하여 그림과 같이 출입문이 ②번일 때는 남아 있는 제 짝 번호 ①③⑧번호 방향에 주인(主人)자리를 배치(配置)하는 것은 복가(福家)이고 반대짝인 [4], [5], [9], [10]번에다가 주인(主人) 자리를 배치하는 것은 흉가(凶家)배치가 되는 것이다.

※ 복가는 발복(發福:운이 트여 복을 받음)하게 되고

※ 흉가(凶家)는 재앙을 받는데 관재, 파산, 급사, 질병 같은 재앙인데 각 번호의 방향별로 이치가 다르게 나타난다.

2) ②번 문에 [9]번 주인자리

[9]번은 노부 금(老父金)인데 건(乾)괘라 하여 하늘을 상징하는 괘이니 화극금을 받지 않고 능히 이겨낼 힘이 충분하여 4년 내지 9년까지 건(乾)의 기세를 충분히 발의하여 사업번창 할 것이고

※ 둘째는 늙은이가 젊은 여인과 만나는 격이니 9년까지는 호화스러운 사업발전과 인생사가 될 것이다. ②번 중녀는 젊은 여자이고 [9]번은 할아버지 격이다.

☆ 같은 그림 연결로 보기

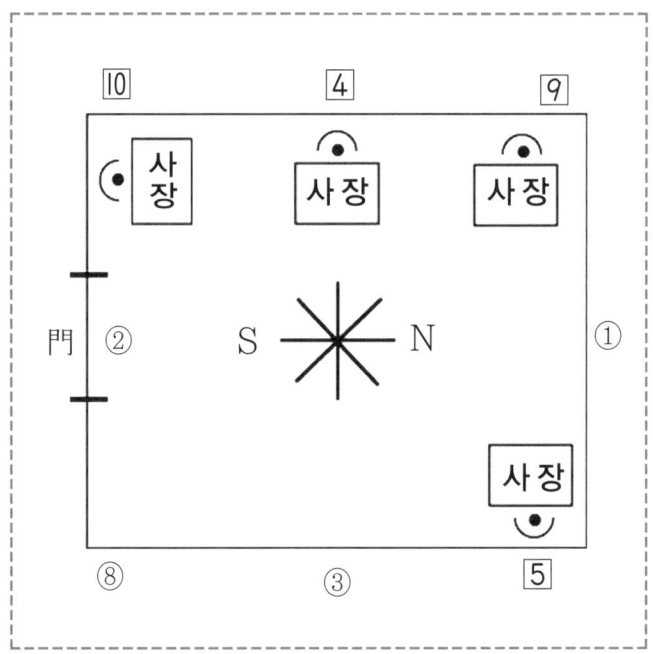

※ 신선당(神仙堂)이 되는 이치(理致)

※ 옛글에 이와 같은 배치의 이치를 신선당(神仙堂)이라 했다. 노부가 소녀와 같이 산다는 게 신선이란 뜻이다. 그러나 9년이 지나가도 사장자리를 복가가 되는 ①③⑧번으로 이동하지 않으면 일조 파산의 위기를 면하지 못할 것이다.(쇠는 불에 녹는 이치로 사장이 화병으로 중풍이거나 사망할 것이다)

3) ②번 문과 ⑩번 주인

　②번은 중녀화(中 女火)이고 ⑩번은 노모토(老母土)이라 우선 중녀의 '음'과 노모의 '음'이 서로 만난 격이고 오행의 화생토(火生土)이치로 토의 수리 5년간까지는 사업이 잘 될 수 있다. 그러나 동사택과 서사택의 불배합이 더 큰 충돌이 되는 일이 생긴다.

※ 오행으로 보면 문 ②번의 화(火)가 10번 土를 생하니 주인자리를 배치한 날로부터 土의 수리 5년은 ②번 문 화(火)로부터 생(生)을 받아 사업이 잘 될 것이다. 그러나 또 10번은 느린 것으로 보고 순음(純陰)에는 변화 작용이 없어서 고립(孤立)이 되기도 쉽다.

4) ②번 문과 ④번의 사장 자리

　이곳은 첫 날부터 극(克)을 당하는 이치이니 사업자체가 앞으로 남고 뒤로 밑진다는 격이 된다. 성공을 바랄 수 없다.

※ 상업, 제조공장이더라도 할 때는 좋은 전망의 시기이나 결과는 망할 짓만 하는 격이며 우선 금전적으로 손해수가 점차 더해가는 격이 된다.

☆ 같은 그림 연결로 보기

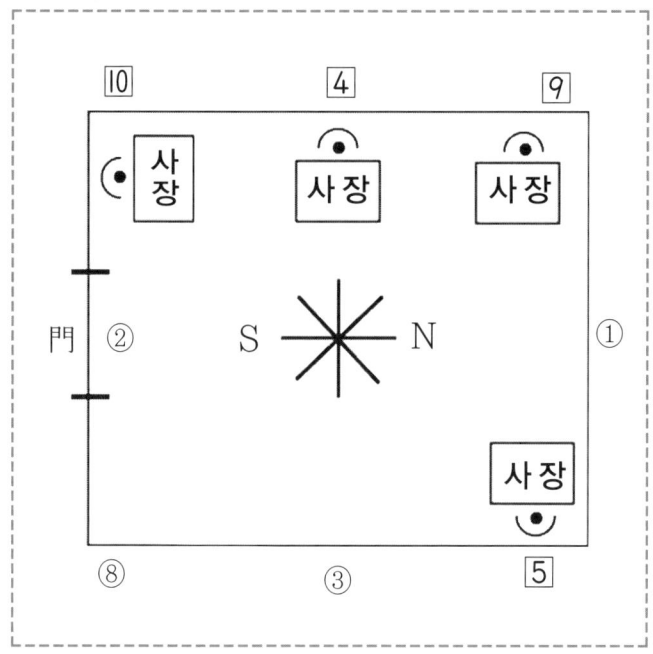

※ 이를 가정집으로 논하여 병적(病的)으로 보면 화극금(火克金)으로 간담이 허해져서 실제로 나타나는 병세는 심장병, 고혈압, 뇌졸중 등도 생길 수 있다.(이 시기에 사업을 시작하면 더 큰 빚더미에 올라 앉고 병들어 파산하는 예이다.)

4) ②번 문에 ⑤번 주인자리

　　⑤번은 소남토(少男土)이다. ②번의 화(火)로부터 화생토(火生土)하는 이치로 토(土)의 5, 10 수리로 하여 5년간은 사업이 잘 될 것이다.

※ ⑤번은 소남이라 받을 복이 적고 경륜이 적어서 크게는 번창할 수는 없는 것이다.

※ 그러나 동사택(東舍宅)과 서사택(西舍宅)이 구성되면 서로 보이지 않게 해(害)를 주고 있으니 버는 결과가 크게 모이지 않는다.

※ 그것도 5년까지 잘되고 그 후부터는 잘못하면 파산하거나 하향세를 면하기 어렵게 된다. 이를 바로 잡을 수 있는 자연의 법인 가상학이 아니고서는 절대 다른 방법은 없는 것이다. 돼지머리 100개를 놓고 고사를 지내도 안 된다.

5) ②번에 맞는 복가 구성법이라야 한다.(5년이 지나기 전 잘 될 때 인테리어를 잘 조정하면 성공괘가 보이는 배치다)

(9) ②번 門에 ⑩번 주인자리

☆ 길한 카운터 자리 배치론

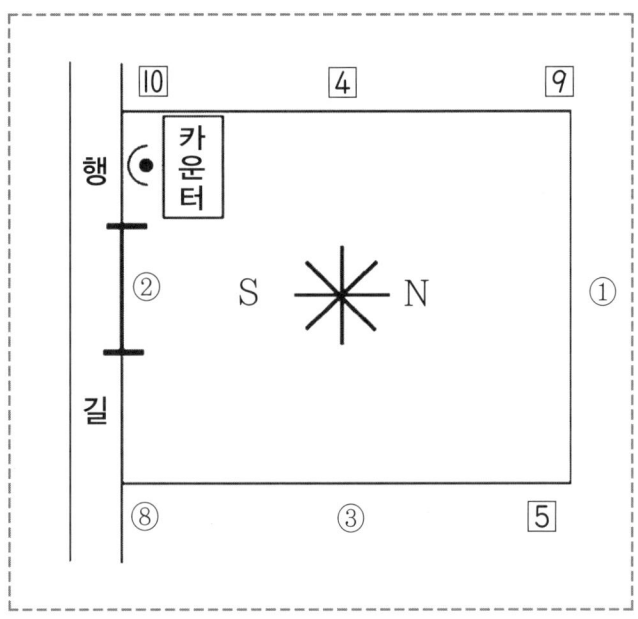

문 : 도형과 같이 ②번 앞이 전면이며 행길이다. 모 상점인데 문(門) 방호와 카운터가 잘 맞아야 상업이 잘 되는지요?

답 : 중소기업 사무실을 상대로 본 양택법을 써 왔는데 모든 상점이 이 공식법에 해당 된다. 문방호와 카운터 자리가 복가배치가 되면 장사가 잘 되어 성공할 수 있고 안 맞으면 상업이 실패하는 것이다.

②번 문과 [10]번 카운터는 흉가배치라 성공할 수 없다.

※ 시작하면서부터 장사가 미진하여 밑지는 장사로 계속된다. 2년 7개월 만이면 실패하게 되는 배치가 되었다.

★ 길흉화복론

- 그게 바로 ②번 문에 [10]번 자리에 카운터를 배치하면 망하는 이치가 생긴다.
- ②번 문에는 ①, ③, ⑧번 위치에 카운터를 배치하면 장사가 잘 되어 부자가 되는 것이다.
- 이 이치는 알고 보면 그 풍수 인테리어 공식이 간단하게 알려 주고 있다. 즉, ②번 문에 ①, ③, ⑧번 카운터는 東舍宅구성의 복가배치가 된 것이고
- ②번 문에 [10]번 위치에 카운터를 한 것은 동사택(東舍宅), 서사택(西舍宅) 극살이 되도록 흉가(凶家) 배치가 되어 망하는 이치가 생기게 되는데
- 예를 들어 명동같이 ②번 문에 [10]번 자리에 카운터 장사가 잘 되는 자리라면 물론 손님이 많아 장사는 잘되나 집에 들어가 사기를 당하는 등 병이 나거나 관재구설(官災口舌) 같은 것이 겹쳐서라도 망하는 이치가 생기는 것이다.
- 그러므로 간단한 인테리어 공식을 무시하지 말고 대기업이더라도 잘 배치해야 할 것이 요구된다.

(9-1) ②번 門에 카운터 배치법

★ 성공하는 카운터 배치법

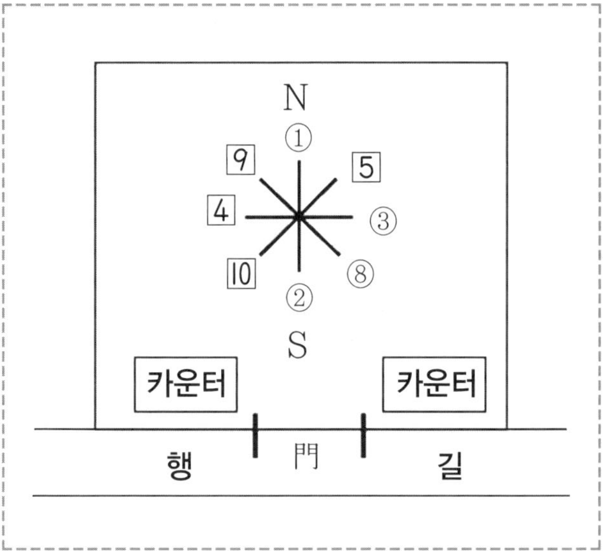

※ 그림을 보면 문에서 동쪽편인 ⑧번 지점에 카운터를 놓은 사람은 성공을 해서 더 좋은 자리로 발전해 가는데 반하여 서쪽인 [10]번에 카운터를 놓고 장사를 하면 망한다는 이치가 여기에 있다. 이게 바로 미신이 아니고 우리가 흔하게 이웃에서 볼 수 있는 현실이다. 이러니 몰랐던 풍수 인테리어를 다시 한 번 살펴 볼만한 학문이라고 보아야 한다.

제 3 장

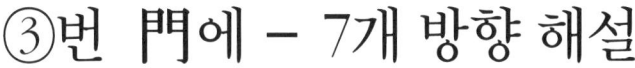

③번 門에 – 7개 방향 해설

(1) ③번 門 – ①번 主 = 재배치의 요령

(2) ③번 門 – ②번 主 = 속발배치법

(3) ③번 門 – ②번 主 = 상무와 경리의 길한 배치

(4) ③번 門 – ②번 主 = 동 · 서사택의 재복습

(5) ③번 門 – ②번 主 = 회사 · 집의 길한배치

(6) ③번 門 – [4]번主 = 금극목의 흉가배치

(7) ③번 門 – [5]번 主 = 흉가 배치의 길흉화복

(8) ③번 門 – ⑧번 主 = 사장 · 경리자리의 재배치

(9) ③번 門 – [9]번 主 = 이해가 잘못된 배치

(10) ③번 門 – [10]번 主 = 동 · 서사택의 이해가 부족한 배치

(1) ③번 門에 ①번 사장자리

★ 재배치의 요령

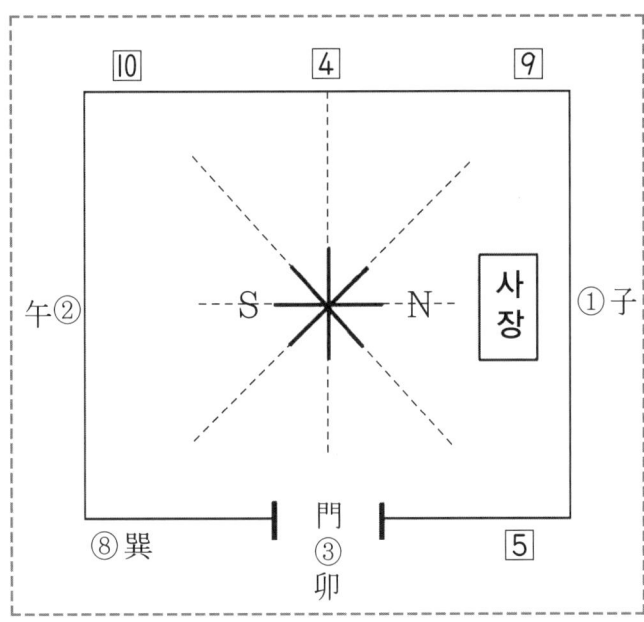

문 : ③번 출입문과 ①번 주인자리로서 사업이 번창하고 있는데 어느 때에 사장자리를 바꾸는 것인가요?

답 : ③번 문에 ①번 主는 앞에 말했듯이 6년 또는 10년 주기가 발복 시효이다.
- 사업이 크면 10년이고
- 소기업의 규모라면 6년에 재배치해야 더 발전 한다.
1) 현재 사업이 잘 되고 있는데 사장 책상자리를 이동하여 "해를 보면 어쩌나" 하는 생각은 어느 누구라도 할 수 있으나 양택풍수 이치에 따르는 것이 좋다.

※ 더 말한다면 ③번 대문에 ①번 책상자리로 하여 사업의 기반을 잡았다면 더할 나위 없이 양택풍수 이치에 적용된 것이니 이동배치 할 것을 더 망설일 것이 없다고 본다.

2) 본 그림의 ①, ②, ③, ⑧번이 제 짝패라는 것을 늘 기억하고 사업을 더 번창시키기 위하여 사장 책상을 ②번 방향으로 이동 배치해야 한다.

3) ③번 문에 ①번 주인 자리는 전면 페이지에 구빈(救貧)하는 자리라 했다.

※ 같은 그림 연결로 보기

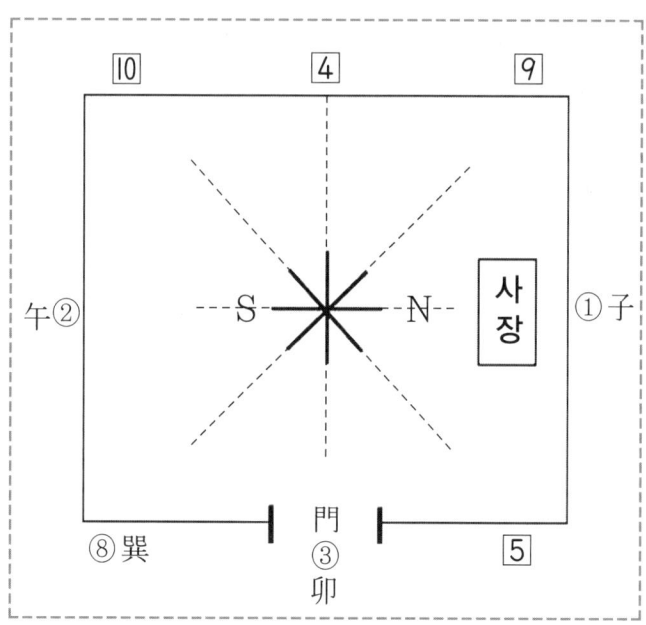

※ 구빈이란 어려운 처지를 빠른 시일에 발복하게 하여 구원한다는 뜻이다. 그래서 옛날 중국에 '양균송'이라는 유명한 풍수가가 있었는데 중국책 양택삼요결(陽宅三要訣)책의 법으로 하여 많은 어려운 사람을 잘 살도록 구원해 주었다하여 오늘날 양구빈(楊救貧)으로 전해지고

있다. 더 우스운 속담은 아침에 죽 먹는 어려운 사람을 구빈방호의 비법을 사용하여 저녁에는 밥을 먹도록 잘 살게 하였다는 풍수계의 널리 퍼진 전설이 있기도 하다.

※ 이와같이 ①번 지점은 구빈하는 자리지 계속 사업이 번창하는 자리는 못된다.

(2) ③번 門에 ②번 사장자리

★ 속발배치법

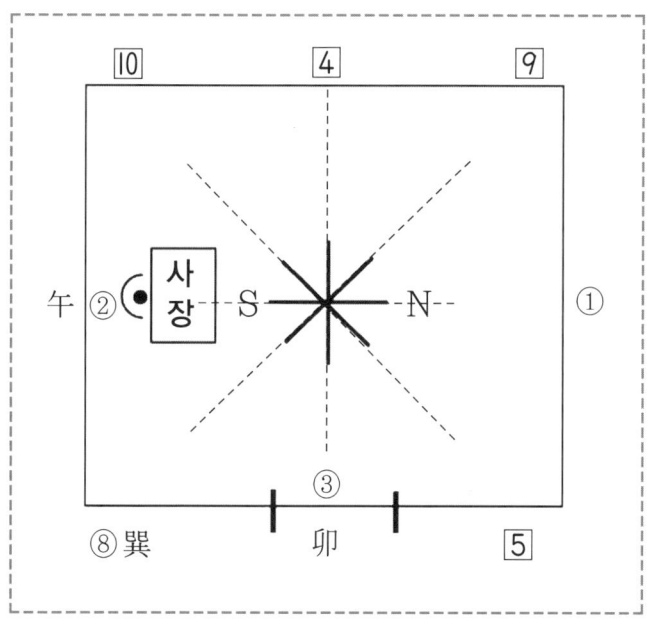

문 : ③번 門과 ②번 사장(社長)자리 위치 길흉(吉凶)을 말하시오.

답 : 괘상(卦象) 성정(性情)의 해설

1) 우선 ③번 대문은 묘(卯)의 장남 목(木)의 방향이고 사장 책상 위치는 ②번 오(午)의 중녀 화(火)이다. 장남이 중녀를 만나는 기쁨이 사업에 대한 기쁨이 된다. 즉, 장남이 중녀(中女)를 만나는 격으로 본다. 그 기쁨이 회사에 대한 기쁨이요 회사 운영이 잘 되는 기쁨이 될 것이라 보는 이치는 주역 괘상의 뿌리가 그러하다.

※ 大門 묘목(卯木)이 주인자리 오화(午火)를 生하여 재산이 회사로 들어와서는 불같이 일어나는 격이 되어 큰 재산으로 불어나게 된다.

2) 어쨌든 장사나 모든 사업에 목화상생(木火相生)의 배치가 속발로 부자가 되는 데는 제일 좋은 자리라 할 수 있다.

②번은 재궁(財宮)으로서 사업의 거래하는 곳으로부터 돈과 재물을 끌어당기는 능력의 힘이 8괘 중에 가장 큰 자리라 대기업이라도 경리자리로는 손색이 없다.

②번과 ③번은 음양배합이 정상이라 모든 사업의 추진이 정상적으로 이루어질 것이며 또 영구히 계속되는 능력도 있다. 속담에 불일 듯 한다는 뜻이 된다.

(3) ③번 門에 ②번 사장자리

★ 상무와 경리의 길한 배치법

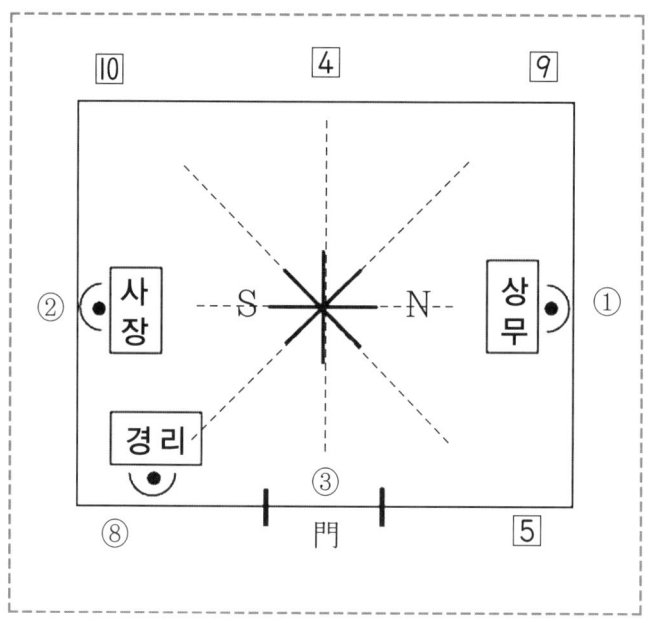

문 : 사장 이하 상무, 경리 자리는 어디가 길(吉)한 자리가 되나요?

답 : 해설
1) 상무자리는 ①번 위치가 적합하고 경리자리는 ⑧번 자리에 배치되어야 복가(福家)의 구성이 정석이 된다.

문 : 전편에 ③번 대문에 ①번 방향은 6년, 10년까지만 길(吉)하고 오래가면 실패한다 해놓고 어찌하여 상무자리를 ①번 위치로 바꾸는 이유는?

답 : 해설
1) 길한 배치의 구성은 사장 위치와 문방호의 길한 배치로서 복가(福家)와 흉가(凶家)의 구성이 성립되는 것이다. 발복의 시효는 문과 사장 자리로서 많이 추리되는 공식이다. 다시 말하면 가옥이나 사무실 배치가 문과 주인의 위치로서 그 사업체의 성패가 판가름되며 또 발복시효도 추리되는 것이다.

2) ①번 상무자리에 대한 이치는 ①번은 子 중남수(中男水)로서 陽이 되고 ③번 卯 장남목(長男木)도 陽이다. ①번 ③번 두 陽이 겹치는 이치가 사업경영에 있어서 거래 성취율이 빠르고 강하여 누구에게도 승부에 패하지 않는 장점이 있는 게 특징이다.

3) 거기에다 ②번 사장, ⑧번 경리의 음(陰)과 배합이 되어 더욱 강세의 변화가 생기게 되어 있다.
• 또 사업체의 물건을 선전하는데 넓게 속히 퍼지게 되는 우수한 힘이 있고 어느 품질을 막론하고 제일 좋은 품질로 선전의 바람을 타게 된다.

★ 같은 그림 연결로 보기

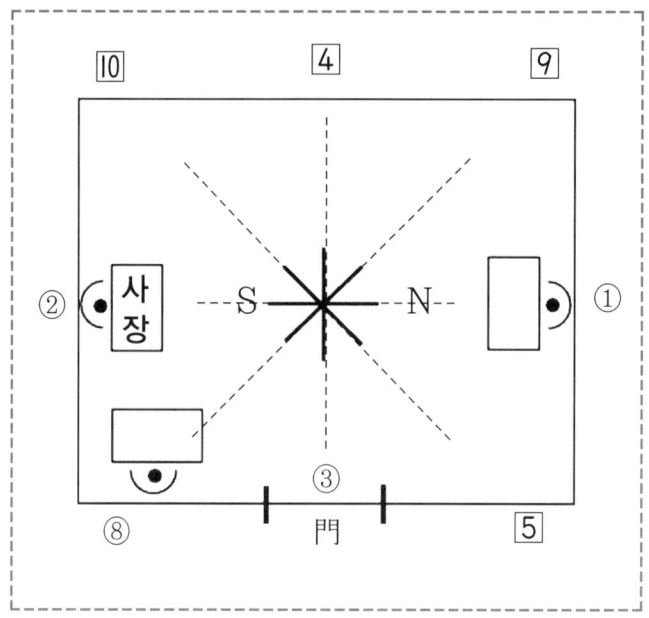

※ 또 거래가 이루어지는 곳이 우수한 사업체와 거래가 맺어지게 되고 또 그 거래처에서 물건을 가져가는 소매상점이 또 재미를 보게 되니 물건의 우수성과 신용도가 높아진다. 이것이 두 양(陽)의 성질인데 특히 ③대문과 ②번 사장 자리를 했을 때에 이와 같은 성정이 나타날 수 있는 것이라고 보아야 한다.

4) 경리 자리는 반드시 음(陰)의 자리에 배치하는 것이 원리로 되어 있다. ⑧번 손(巽)방향이 장녀(木)로 음(陰) 자리라 경리 자리로 가장 좋은 재궁(財宮)이 될 것이다.

문 : 경리(經理)가 음(陰)의 자리가 좋다면 ②번인 사장 자리도 음(陰)인데 사장님(社長任) 곁에 바짝 책상을 놓고 앉으면 어떠한가?

답 : ②번은 비어 있어도 경리(經理)자리는 아니다. 물론 중녀 화(火)음의 자리로 재궁이기는 하지만 경리자리로 적합하지 않은 것은 ①번 자 (子)와 ②번의 오(午)가 서로 충하는 자리가 되어 금전의 파동이 생기면 사업체가 흔들리기도 할 우려가 있다. 또 오화(午火)는 너무 강해서 재(財)가 뒤집힐 우려가 있다. 그런데도 오방(午方)에 경리자리로는 크게 따로 배치할 때가 있는 것이다.

오(午)도 쓰일 데가 있기는 하지만 이번에는 ⑧번 손(巽) 방향이 ②번과 ③번 사이에 끼여 있어서 불필요한 소비고(消費高)가 적게 되고 구두쇠, 부자가 무한대로 뻗어갈 것이다.

(4) ③번 門에 ②번 사장자리

☆ 상무와 경리의 길한 배치법

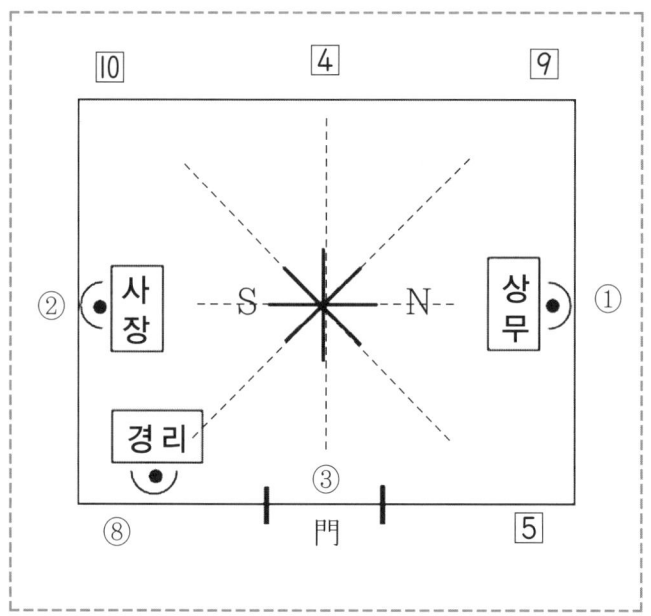

문 : 재 복습하여 더 깊이 알고 공부합시다.

답 : 양택의 변화공식

1) 현재 그림에 동사택(東舍宅)구성의 정석이고 또 가정집도 이 공식에 맞추면 꼭 같은 이해가 된다.

※ 동사택 구성의 그림을 보면서 수월한 방법을 선택하여 설명하면 [4], [5], [9], [10]번은 서사택(西舍宅)이 해당되는데 동사택(東舍宅)에 대해서는 흉(凶)방향이 되는 것이다. 이를 죽은 방호니 또는 노복이 되는 방호라 한다. 그러나 서사택(西舍宅)방호를 잘못 배치 사용하다가는 살(殺)로 변하는 수가 있으니 조심해야 되는데…

그러나 이번은 동사택(東舍宅) 구성이 정석이라 서사택(西舍宅) 방호를 사용하게 되면 특이한 좋은 변화가 생길 수도 있다.

문 : 그러면 [4], [5], [9], [10]번으로 서사택(西舍宅)이 완전구성을 한다면 또 ①②③⑧번 동사택(東舍宅)이 서사택(西舍宅)에 대해서 흉(凶)방이 되는 이유는?

답 : 그렇다 … 이상과 같다.

- 동사택(東舍宅)의 제짝은 ①, ②, ③, ⑧번호이고
- 서사택(西舍宅)의 제짝은 [4], [5], [9], [10]번호이다.
- 동, 서사택 번호를 분명히 제짝끼리 문과 주인 위치로 구성해야 복가가 된다는 것을 다시 한번 강조한다.

★ 같은 그림 연결로 보기

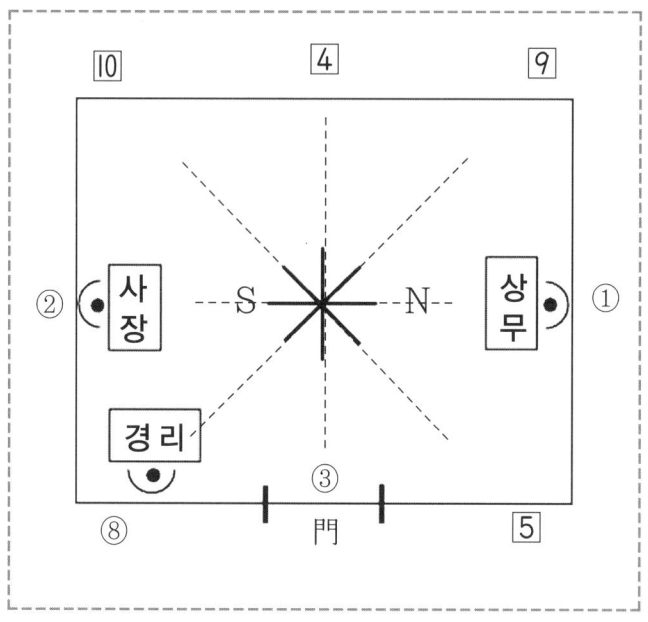

▣ 배치법을 풍수용어로 말하기는
- 복가(福家) 배치를 – 배합(配合)배치라 하고
- 흉가(凶家) 배치는 – 불배합(不配合)배치라고 한다.

문 : 그러면 동사택(東舍宅)이 ①, ②, ③, ⑧번으로 완전구성이 되었는데 상무 이하 직원의 책상위치를 서사택인 [4], [5], [9], [10]번 어느 방향에 배치한다면 불배합 흉한 배치로 또 변할까요?

답 : 그렇지 않다. 문(門)과 주(主)로서만이 복가(福家), 흉가(凶家) 배치(配置)가 구성(構成)이 되기 때문이다.

★ 양택법의 원리를 말해 보겠다.

1) 동사택(東舍宅) 번호가 제 짝이 완전구성(完全構成)으로 배합(配合)이 되었을 때는 서사택(西舍宅)의 번호들이 동사택(東舍宅) 번호를 따라 종(從)하여 같이 길(吉)한 일이 생기게 되어 있다.

이를테면 서사택(西舍宅)은 주인(主人)을 잃은 패전병(敗戰兵) 같은 신세로 동사택(東舍宅)의 노복(奴僕)이 되는 이치(理致)와 같아서 때로는 더 좋은 기적이 생기는 수도 있고 작업 능률이 우세하기도 한다.

※ 반대 방향인 흉방(凶方)을 사용(使用)하는데 주의(主意)할 점만 지키면 된다.

단 흉방의 4개 방향 중 1개 방향만은 설기(泄氣)하고 나머지 3개 방향(方向)만 사용해야 한다.

★ 같은 그림 연결로 보기

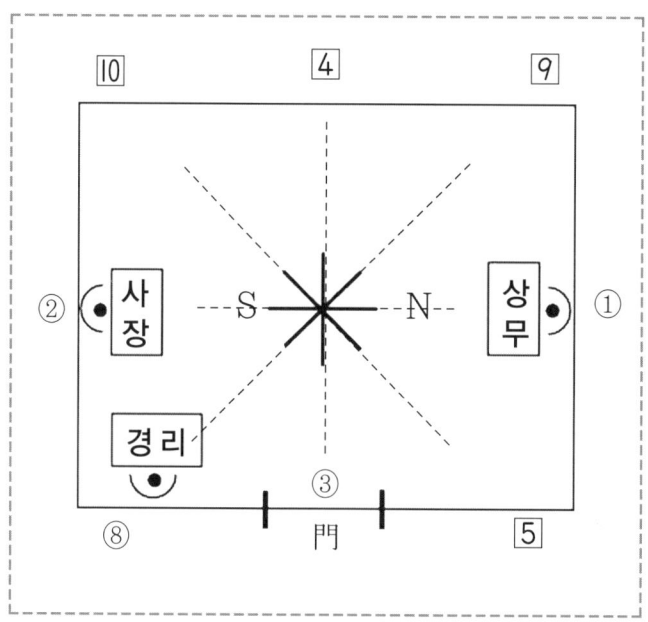

★ 설기하는 방법

1) 흉방이 되는 어느 방호 위치에다 냉장고 혹은 창고로 사용하면 된다. 즉, 직원자리로 사용하지 말라는 뜻이다. 어디에 배치하여도 흉방의 구애는 받지 않는다.

2) 특이한 이치는 문과 사장 위치만 동, 서사택간에 제짝으로 배치하는 것이 완전 길한 배치가 되고 흉방을 사용할 때는 직책에 고려하여 적합한 배치가 되면 전화위복이 발생하여 일확천금을 하게 된다는 이치도 있고, 예로 東舍宅 구성일 때 그 집 학생 중에 공부를 게을리 하고 철없는 짓하는 학생을 건(乾)방 있는 방을 주면 의젓해져서 공부도 잘하게 되는 변이 생기고 점잖은 위인으로 변모한다.

3) 머리가 둔하여 낮잠만 자다 성적이 떨어지는 학생은 유(酉)방향으로 보내면 명석한 두뇌로 개발되어 좋은 대학을 가게 되는 변화가 생길 수 있는 전화위복(轉禍爲福)이 생길 수 있다. 특히 방 배치 인테리어여서 말한 것이다.

★ 같은 그림 연결로 보기

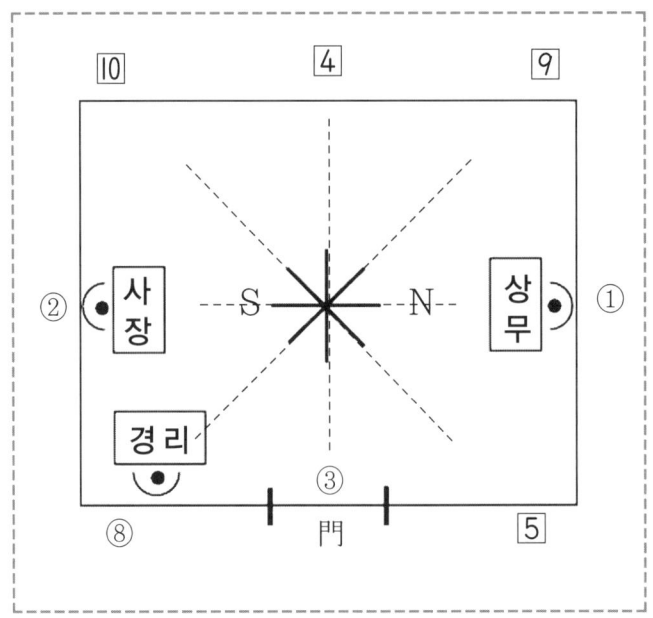

★ 상무와 경리의 길한 배치법

1) 다시 그림을 살펴본다. ③번 문에 ②번 사장 자리로 복가 배치(福家配置)가 되었다. 이럴 때 상무 이하의 직원들은 ④, ⑤, ⑨, ⑩번 어디다 놓아도 길(吉)한 이치(理致)로 따라오게 되어 있다.

★ 상생 상극의 추리법

1) 오행(五行)의 상생상극(相生相克) 원리에 보면 동,서사택(東.西舍宅) 어느 한쪽이 완전배합(完全配合)이 되었을 때는 오행(五行)의 상극(相克)이 도리어 더 좋은 현상이 일어난다는 것이다. 이것이 자연의 원리(原理)이기도 한데 전화위복(轉禍爲福)이 된다는 원리이다.

2) 음택(陰宅)에 있어서도 좋은 명당(明堂)일 때는 살(殺)이 되는 사격(砂格)이 충(沖)을 해야 큰 벼슬에 오를 수 있는 계기가 마련된다는 원리도 있거니와 세상만사의 이치가 그러하다.

(5) ③번 門에 ②번 사장자리

☆ 회사 집기의 길한 배치법

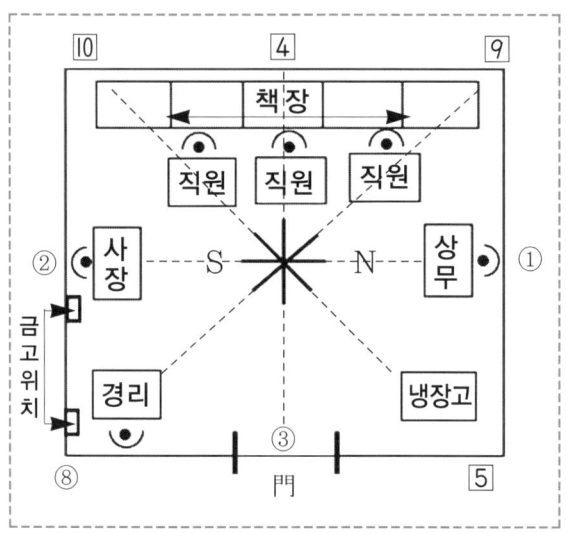

문 : 동사택(東舍宅) 구성에서 서사택(西舍宅) 방위도 길방으로 따른다 했지만 막상 배치를 하려니까 좀 위험이 우려가 되지만 더 좋은 방법은 없는가?

답 : 그러면 회사 내에 집기 놓는 길한 방법으로 동, 서사택 간에 오행(五行)의 작용이 더 강하게 하여 개성이 강한 사택을 구성하는 방법을 말한다.

1) '생'은 강하게 하고 '극'은 약하게 하는 방법은 회사 내 집기 중에는 가장 중요한 금고가 있고 여러 가지의 다음

품목이 있다. 이를 길하게 배치하는 방법이다.

- 금고는 사장 다음으로 중요한 것이니 우선 경리사원이 앉는 옆도 길(吉)한 방향이지만 사장자리 옆이 더 좋다. 서고도 중요하다. 각자의 옆에 가까이 놓여질 터이니 말할 나위 없이 좋은 방법이지만 그러나…

- 다음은 책장이다. 저장되는 서고 등을 서쪽으로 길게 펼쳐 놓는다면 ④, ⑨, ⑩번의 극하는 힘이 감소하게 된다.

- 이때 가장 중요시되는 것은 냉장고, 커피 끓이는 싱크대 등은 배치법이 따로 있다. 흉방을 택하는 것이다.

- 어느 사무실을 막론하고 문 방호가 그 회사의 귀(貴)를 상징하는 곳이다. 즉 회사가 귀하게 이루어질 수 있는 여건이 문 방호로부터 이루어지는 것이다. 이 그림을 보면 ③번 문인데 극이 되는 ⑤번이 가까이 있는 것이 흉격이다. 다시 말하면 회사에 좋은 일이 생길 것을 ⑤번이 방해를 하는 격이다.

- 이럴 때 지저분하다고 생각되는 집기류에 냉장고, 커피메이커 등의 여러 가지 지저분한 것을 ⑤번 자리에 배치하게 되면 극의 이치가 무너져서 대문 ③번의 귀(貴)의 힘이 더욱 강해지는 것이다.

(6) ③번 門에 ④번 주인자리

★ 金克木의 흉가배치

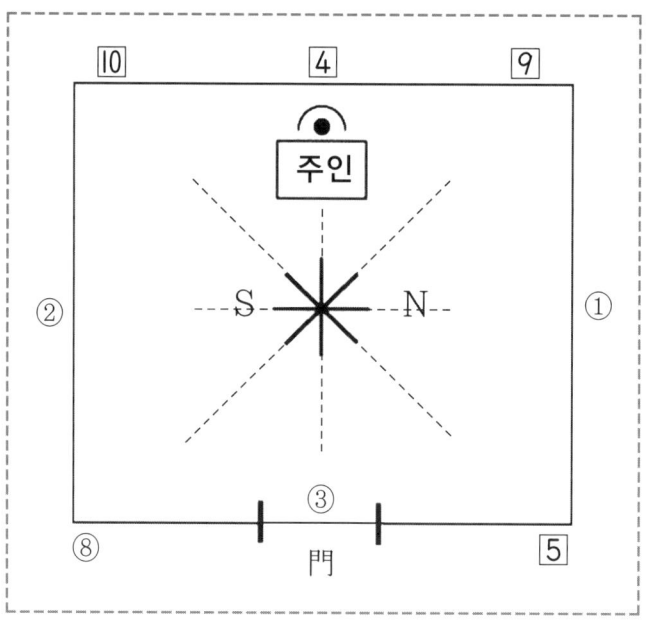

문 : 오행상극(五行相克)에 제일 흉한 상극
답 : 상극(相克)에 대한 이해

1) 양택연구 결과에 가장 살(殺)이 무섭다는 것은 금극목(金克木)에 대한 살(殺)일 것이다. 다시 말하면 서쪽에 앉아서 동쪽문을 바라보고 앉아있는 상태를 말한다.

2) 西쪽의 건물에 東쪽으로 대문이 나 있는 건물이라면 이사한지 3년 8개월이 되면 장남이나 그 집 대주가 쇠붙이로 인하여 죽게 되는데 죽는 시각이 亥, 卯, 未, 年月 時에 죽게 된다는 것이 양택 풍수법의 진리인데 金克木의 殺이라는 무서운 자리다.

3) 위에 그림과 같은 상태는 흔하게 볼 수 있는 현실이다. 점포, 사무실 등으로 많이 보았다. 상업상 위치가 좋은 곳이면 장사가 잘 되어 돈은 많이 벌 수 있다. 하지만 집에 가서 한꺼번에 실패로 망하거나 주인이 다치고 병들고 급사하는 실례를 많은 실습을 통해 알 수 있는 경험적 통계이다.

4) 혹시 내가 이런 곳에 해당되지 않는가 고려하여 양택풍수(陽宅風水) 공식에 맞도록 배치하였으면 하는 바람이다.

- 복가배치가 되자면 동사택(東舍宅)이나 서사택(西舍宅) 간에 출입문과 주인자리가 제짝번호로 일치 되어야 한다.

- 이상과 같은 금극목(金克木)으로 당하는 이번 문제가 〈일요서울〉이라는 주간 신문에 연재한 첫 문제로 출제하였는데 이와 같은 곳이 너무 많아 독자가 모두 공감하고 많은 전화를 받은 바 있는 현실이 증명하는 금극목(金克木)의 해(害)의 실화이다.

(7) ③번 門에 ⑤번 사장자리

★ 흉가배치의 길흉화복(吉凶禍福)

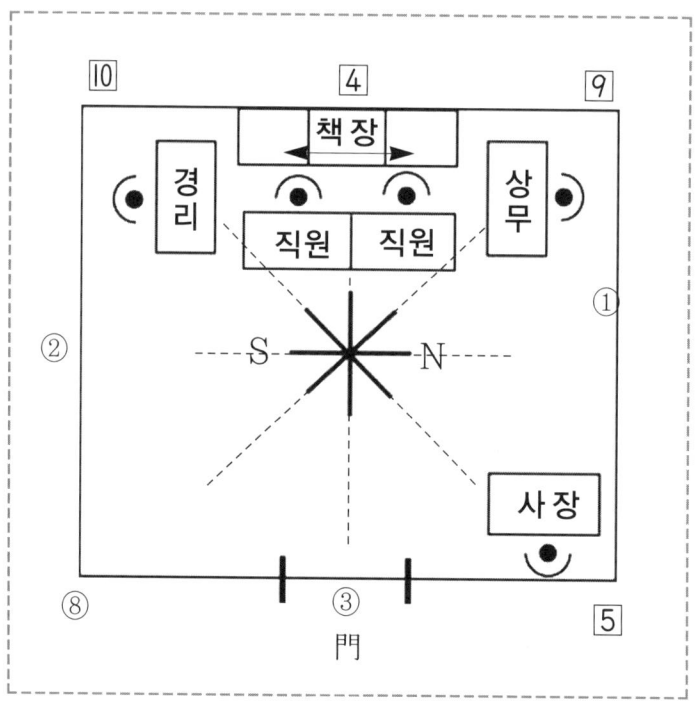

문 : ③번은 동사택(東舍宅)인데 ⑤번 서사택(西舍宅)과 불배합(不配合)된 사무실을 보았는데 길흉화복(吉凶禍福) 방법이 어떠한 가요?

답 : 길흉 보는 공식
1) ③과 ⑤번이 불배합으로 흉가 배치된 것을 풍수용어로 불배합(不配合)이라고 한다.

2) ③번 문(門)과 ⑤번 사장자리와는 목극토(木克土) 상극(相克)이 되었다. 모두 불배합(不配合) 배치가 되면 흉(凶)한 일로 매사불성(每事不成)이다. 즉 되는 노릇이 없다는 뜻이다.

★ 길흉화복(吉凶禍福)

1) ⑤번 사장위치와 ③번 문(門)은 목극토(木克土) 하는 이치(理致)로 문(門)에서 회사(會社)를 극(克)을 한다. 어느 사업(事業)이든 매사불성(每事不成)이다.

2) 귀 회사 위치의 특이한 것은 상무, 경리, 관리 에는 헛점이 없는 것으로 보이나 단, 출입문 만 동사택(東舍宅) 방호 ③번에 있는 것이 흠이라 볼 수 있어서 부진한 사업을 하고 있다.

3) 어딘가 막혀서 안 되는 듯하고 순환이 되었으면 하는 상태인데 이는 속히 서사택 방호에 문을 다시 만들어 놓는다면 크게 성공할 것이다.

★ 같은 그림 연결로 보기

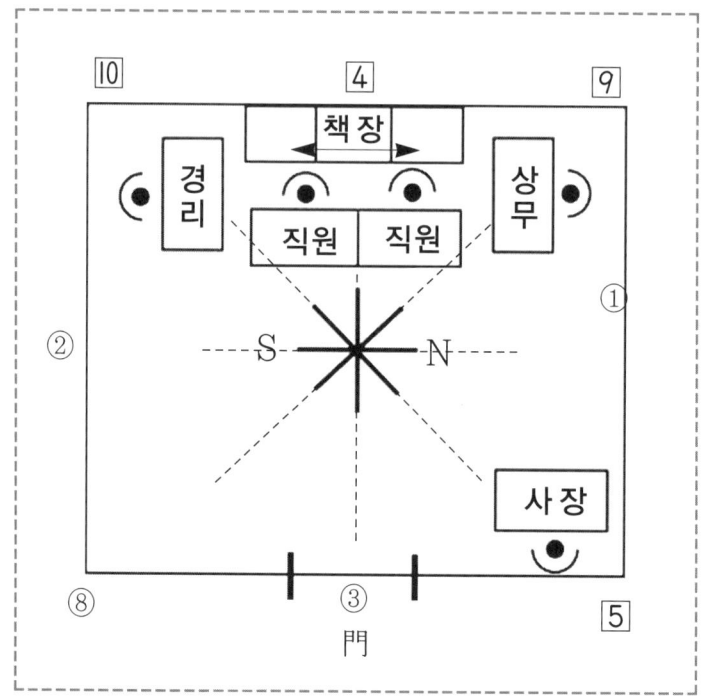

★ 길흉화복론

1) ⑩번 경리자리는 곤괘(坤卦) 노모토(老母土)의 재궁이나 老母로 음괘상(陰卦象)이라 재정의 순환이 불가하여 재산을 두고도 순환이 안 된다.

2) ④번에 직원 두자리는 소녀금(少女金) 방향에 위치했으

니 그곳은 화려한 곳으로서 돈 쓰고 즐기는 데에만 정신을 판다. 좋게는 회사직원의 화목을 즐겁게 할 것이나 잘못되면 회사 공금을 축낼 우려가 많은 괘이다.

3) ⑨번 위치는 건괘(乾卦)라 하여 8괘 중 가장 위대하고 큰 괘상이라 하여 좋게는 회사내부 전체가 ⑨번 상무의 지혜로 운영상의 안정을 갖게 되게 하는 자리다.

4) 출입문을 그대로 두고 있다가는 ⑨번과 ⑩번이 정배합 제짝이라 기회만 있으면 회사전체가 ⑨번 상무에게 넘어갈 우려가 있다.

(8) ③번 門에 ⑧번 사장자리

☆ 사장 경리자리 재배치의 이해

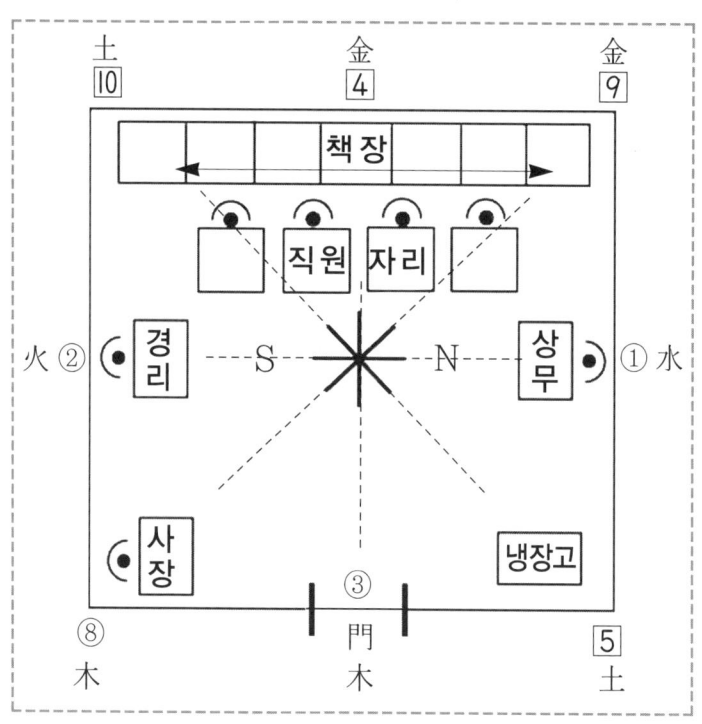

문 : ③번 문에서 ⑧번 지점에 사장자리가 배치되고 ②번에 경리를 배치하면 어떤가?

답 : 배치 공식의 이해

1) ⑧번에 사장자리와 ③번 문과는 동사택으로 배합사택이 된 것은 사실이나 배치구성에서 차격이다. 오행으로 볼 때 장남 '목', 장녀 '목'으로 木, 木으로 비화 둘 다가 목(木)이 되어 오행의 변화가 적기 때문이다.

2) ②번 경리자리도 강한 음 방향을 택해서 불길하다. ①번과 자오상충(子午相沖)에 수극화(水克火)로 극을 받을 우려가 있다.

3) ⑧번에 사장 위치는 불안 초조하고 갈등이 생기기도 하고 만약 여자가 사장이라면 바람이 나서 파산을 면하기 어렵다고 추리 할 수 있다.

● "양택법(陽宅法)에 전해오는 공식(公式)으로는 동,서사택(東.西舍宅)으로 정상 배합(正常配合)된 것은 내부 구성(構成)이 어떻게 되었든 길한 편으로 해석하라는 공식법이 있다. 그러나 더 깊이 분석해 보면 ③번 문은 동사택에서 둘째로 강(强)한 문 방호인데 반해 ⑧번 사장 자리로서는 제일 하급위치로 배치가 되어서 이상과 같은 추리(推理)가 된다.

● 여기서 길하게 볼 것이 하나있다면 ③번 대문(大門)과 ⑧번 사장자리는 동사택이 배합(配合)된 것은 길(吉)한 괘이다. 그것도 장남이 장녀를 만나는 이치와 같으니 음양의 격도 맞는 길한 격이다.

★ 같은 그림 연결로 보기

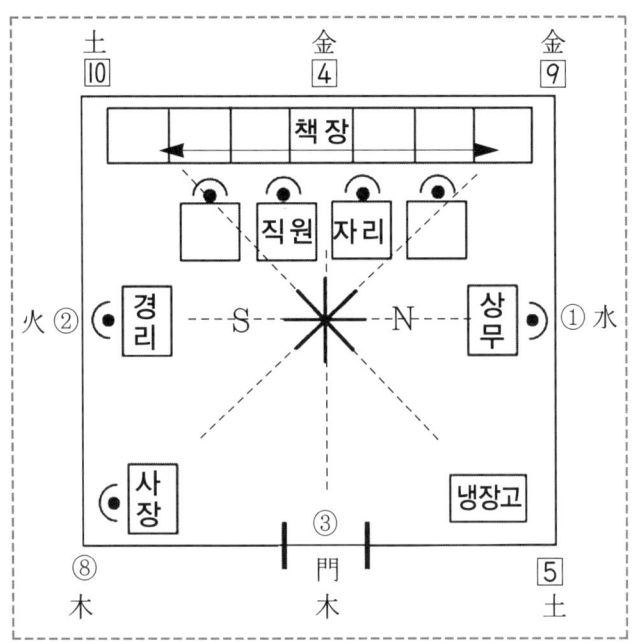

- 또 ③번 ⑧번으로 가까운데서 문과 사장자리가 겹친 것은 불길하다 목, 목(木, 木)이 가까운데서 겹치는 것은 이현령, 비현령(耳懸鈴鼻懸鈴) 격으로 극살(克殺)로 변화가 생긴다고 양택법에 적혀있다.

- 사업으로 본다면 해(害)는 없으나 크고 속히 발전(發展)하는 상은 아니다. 많은 세월이 흐르면서 점차로 불어나는 수이나 큰 기업으로 발전이 없으니 큰 투자를 삼가

해야 할 것이다.

상무가 양(陽)의 위치로 강세를 얻었으니 사업의 발전은 모두 상무 손에 달려 있다.

● ②번에 경리자리는 음(陰)으로서 재궁(財宮)이 기는 하나 적합하지는 못하다. 오화(午火)의 강한 '재궁'이라서 금전의 파동이 2, 7년 주기로 생기게 된다.

● ②번 경리와 ①번의 상무자리는 자오상충(子午相沖)에다 수화상극(水火相克)사이다. 혹 2, 7수리를 파동이 생기니 조심할 것.

● 자오상충을 면하는 방법은 ①번과 ②번 사이에 책상배치를 하면 자연으로 상충 · 상극살을 면한다.

● 상충 · 상극살 면하는 방법을 하지 않으면 상무가 사장에게 업무로 충돌이 자주 생기게 되면 자오상충의 극을 받아 수화상극(水火相克) 이 회사 내에서 조직이 형성되어 파동이 생겨서 많은 손해를 볼 수도 있다.

(9) ③번 門에 [9]번 사장자리

☆ 이해가 잘못된 배치

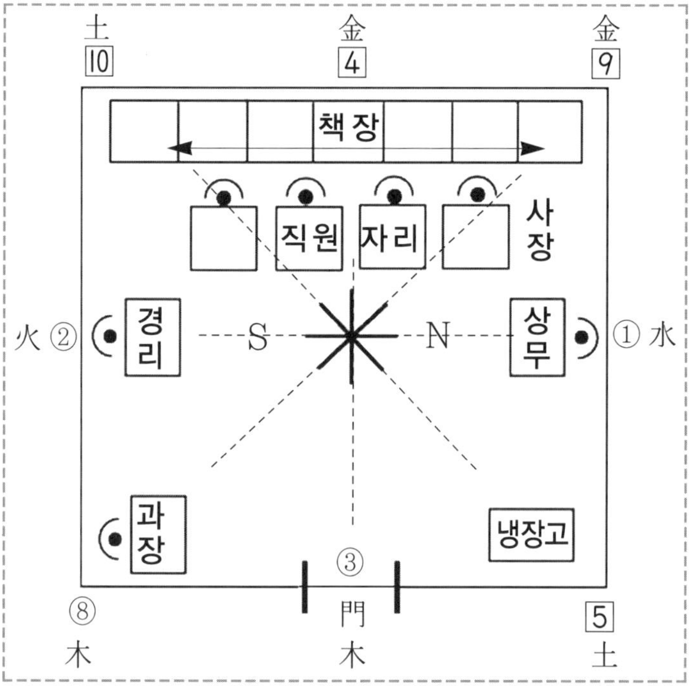

문 : 그림과 같이 ①, ②, ⑧번에 상무, 경리, 과장 을 배치하고 사장위치만을 ⑨번에 배치했을 때 동사택(東舍宅)이 안 되는지요?

답 : 배치의 이해

1) 복가구성이란 출입문과 사장위치 하나만으로 제짝번호에 구성되어야 함을 재 강조 한다.

2) [9]번에 사장위치가 배치되었고 ③번이 출입문이니 동, 서 불배합 배치가 되어 흉가가 배치된 것이다.

3) 이렇게 되면 사업고전, 사원통솔고전에 지쳐 마침내 힘없이 무너진다.

사무실인 경우 출입문과 사장위치만을 상대로 하여 길흉이 가려진다.

※ ①, ②, ③, ⑧번 동사택(東舍宅) 제짝에서 문과 사장위치가 설치되어야 복가이고 [4], [5], [9], [10]번 서사택(西舍宅)의 제 짝에서 문과 사장위치가 설치되어야 복가가 된다.

● 반대로 다시 말하면 문 방호가 ③번이니 ① ②, ⑧번 중에 사장위치가 배치되었다면 그 외 상무, 경리, 과장 위치는 서사택(西舍宅) [4], [5], [9], [10]번 방향에 배치되어 있어도 엄연한 동사택(東舍宅)의 복가이다. 그러니 사장위치와 문방호가 동 · 서 사택 중 일치되어야 한다.

★ 같은 그림 연결로 보기

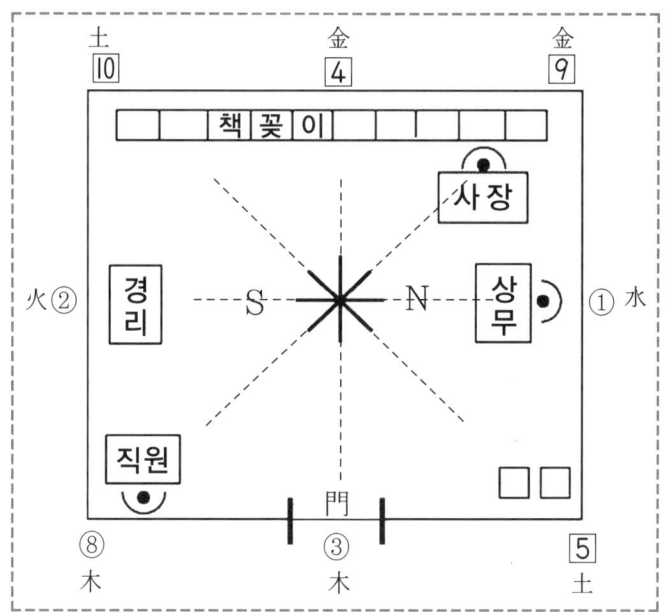

★ 길흉화복론(吉凶禍福論)

1) 우선 문의 ③번과 사장위치 ⑨번으로 혼합 배치된 것을 불배합(不配合) 또는 흉가라 하여 每事不成이라한다. 또 ③번은 모두 양(陽)에 속하여 회사운영에 과도추진으로 반파 현상으로 손해가 많아진다.

2) 오행(五行)으로 보면 ⑨번의 금(金)이 ③번 방향 목(木)을 극하여 첫째 귀 회사의 귀(貴)한 일을 파괴하고 거래처 상대자 모두를 쫓는 격이 되고 한번 거래를 한 사람

은 귀 회사로 부터 얻어맞는 기분이 되니 그것으로서 장차 거래가 끊어지는 격이 된다.

3) [9]번 사장 위치는 건괘(乾卦)라 하여 동, 서사택 8괘 중에서 가장 위대한 괘의 방호이다. 즉 하늘을 상징하니까 이와 같은 이치로 본 회사에 우수한 제품이 만들어지고 내부 정돈이 잘 되는 편이다. 그러나 외부의 거래가 부실하게 되어 매사 손해만 보고 고전을 면치 못한다. 더 큰 문제는 좋은 일이 불길한 일로 변복해서 많은 손해수를 입는게 더 고전할 격이다.

4) ①의 상무는 ③번 문과 같은 짝패의 동사 택(東舍宅)이니 처음은 문과 양, 양으로 많은 회사의 추진력으로 득을 생기게 하다 수생목(水生木)의 이치로 3년 8개월이 지나면서부터 반파의 현상으로 하는 일마다 실패하여 귀 회사를 쫓겨나는 격이다.

5) ②번 경리 자리는 가장 큰 재궁(財宮)의 자리로서 처음에는 큰 뭉치의 재산을 외부로부터 흡수하다 2, 7화의 수리로 3년이 지나면서부터 금전에 파동이 생기게 되나 만일 경리가 여자라면 많은 재산을 횡령하게 될 것이다.

6) ⑧번의 과장은 처음부터 꾸준하게 회사의 능률을 올려주며 ③번 문과 쌍목이 되어 득도 해도 주지 않고 항상 진급도 언제 할 지 묵묵할 뿐이다.

(10) ③번 門에 10번 사장자리

★ 동·서사택의 이해가 부족한 배치

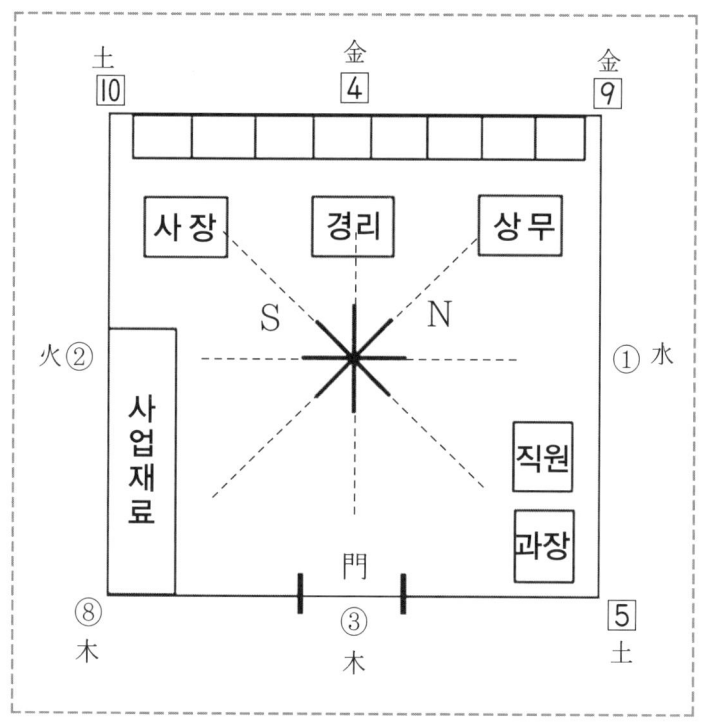

문 : 그림과 같이 西舍宅 방위에 사장을 비롯한 총직원을 모두 배치하고 문 방호만 동사택인 ③번 상태의 자리는 어떠할까요?

답 : 배합 구성을 더 연구하자.

1) 이와 같은 배치를 흉가배치라 한다. 서사택 (西舍宅)인 ④, ⑤, ⑨, ⑩번에 총직원이 모두 차지했다하여 서사택(西舍宅)에 힘이 쏠려서 서사택의 복가가 되는 것이다.

● 출입문이 동사택(東舍宅)인 ③번에 있어서 동·서 혼합 사택의 흉가배치가 된 것이다. 이를 불배합 흉가사택이라고도 한다. 사장 위치와 출입문만으로 동, 서사택의 제짝번호로 일치되어야 복가가 구성이 되는 공식과 같은 법이다.

★ 길흉화복(吉凶禍福)추리

1) 문방호는 동사택인 ③번 木이고 사장위치는 서사택의 10번 土에 해당 된다. 이와 같이 동·서사택이 혼합되면 우선 매사불성이 해당되지만 목극토(木克土)의 이치로 회사자체가 쇠퇴해져 이 배치를 지속시킨다면 파산을 면하기 어렵다.
　③번의 木은 경영·발전이고 10번 土는 내부운영·생산인데 목극토(木克土)로 극살을 당하니 회사나 공장, 상업이든 간에 파동이 일어나게 된다.

★ 같은 그림 연결로 보기

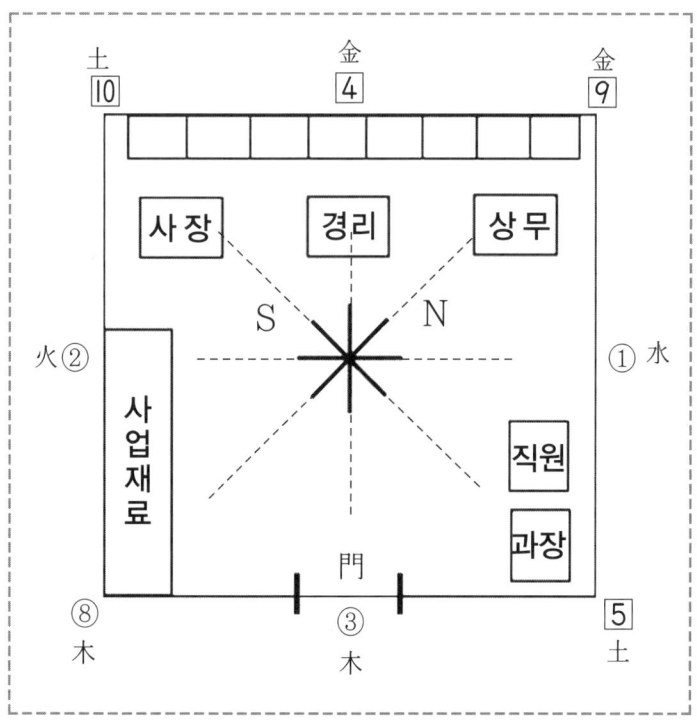

2) ③번 木과는 ④, ⑤, ⑨, ⑩번 모두 극이 되어 서로의 갈등을 갖고 근무를 하는 형상이니 회사의 발전이 될 수 없다.

3) ③경리자리 ④번은 문의 ③번 木을 극하는 이치로 들어오는 금전을 막는 형상이 되어 있고 혹 우수한 품목으로 장사가 잘되어 금전이 모인다 해도 3, 8목(木)하는 숫자에 처하면 재산의 큰 손해를 보게 되어 있다.

4) ⑨번 상무는 최고인 건(乾) 방향을 차지하고 있으니 사장의 도움을 받으면서도 내적으로는 사업의 꿈을 키우다가 ⑨번 상무가 이 회사를 차지할 괘상이다.

5) ⑤번의 과장은 진실로 사장을 돕다가 자기 실속을 차리지 못하고 마침내는 빈손으로 쫓겨나는 신세가 되고 만다.

제 4 장

[4]번 門에 - 7개 방향 해설

(1) [4]번 門 - ①번 主 = 흉가배치 길흉화복

(2) [4]번 門 - ②번 主 = 칸막이 하고 사장배치

(3) [4]번 門 - ③번 主 = 칸막이 후 사장배치의 묘리

(4) [4]번 門 - [5]번 主 = 각 방향별 이해가 다르다.

(5) [4]번 門 - ⑧번 主 = 칸막이 있는 공간의 패철위치

(6) [4]번 門 - [9]번 主 = 길한 배치의 신선당(神仙堂)

(7) [4]번 門 - [10]번 主 = 업체, 종목에 맞추어 배치

(1) ④번 門에 ①번 주인자리

★ 흉가 배치 길흉화복(吉凶禍福)

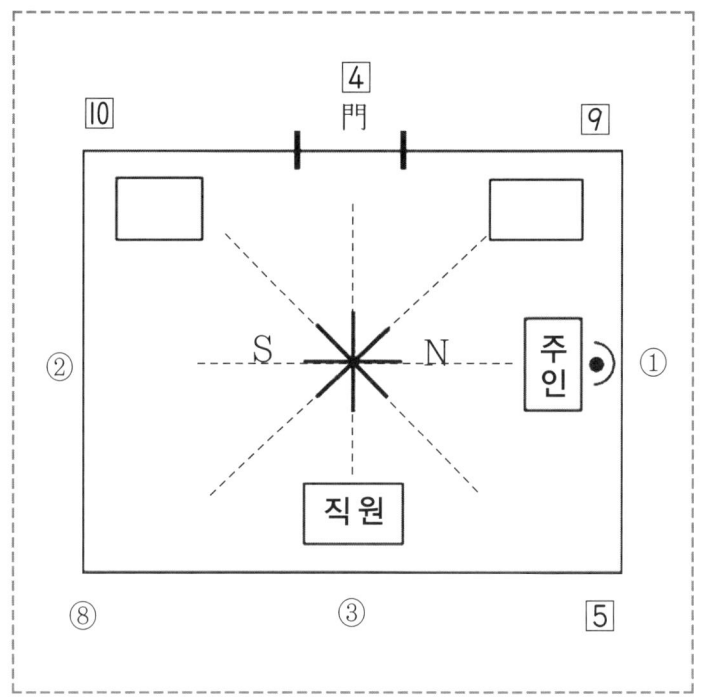

문 : ④번 문에 ①번 주인자리는 흉가가 되는 것이다.
　　또 흉가 배치가 되었으나 ④번 금(金)이 ①번 수(水)와
　　상생(相生)의 이치는 어떻게 추리하나요?

답 : 추리법

1) 우선은 ④번이 ①번을 금생수(金生水)하는 것보다 동사택(東舍宅)과 서사택(西舍宅)이 혼합되어 불배합(不配合)된 것이 더 큰 상극이 되는 것이다.
아무리 열심히 노력해도 불배합(不配合)으로 인테리어가 된 곳에서는 매사불성(每事不成)으로 성공에 길이 열리지 않는다.

2) 또 금생수(金生水)의 이치(理致)로 추산(推算)하는 것이 공식(公式)이다. 그러나 계속 상생은 못한다. 금생수(金生水)로 생을 받는 쪽이 1,6수리(數理)로 1년 간이나 많으면 6년을 받을 수 있는 그릇밖에 안 된다. 동·서 혼합의 극으로 상생의 순환을 이루지 못하고 생만 받다 터지는 격이 된다.

3) 1,6수리가 지나면 동·서사택의 불 배합의 극살이 너무 커서 도리어 파산 관재구설 또는 매사불성으로서 실패하게 되는게 이치다.

● 여기서 특히 주의할 것은 금생수(金生水)가 잘 되어 재미를 보았을 적에 사장자리를 동. 서 배합구성(東.西配合構成)으로 옮기지 않으면 도리어 파산하게 되어 있으니 6년을 넘기지 말아야 할 것이 강조된다.

★ 같은 그림 연결로 보기

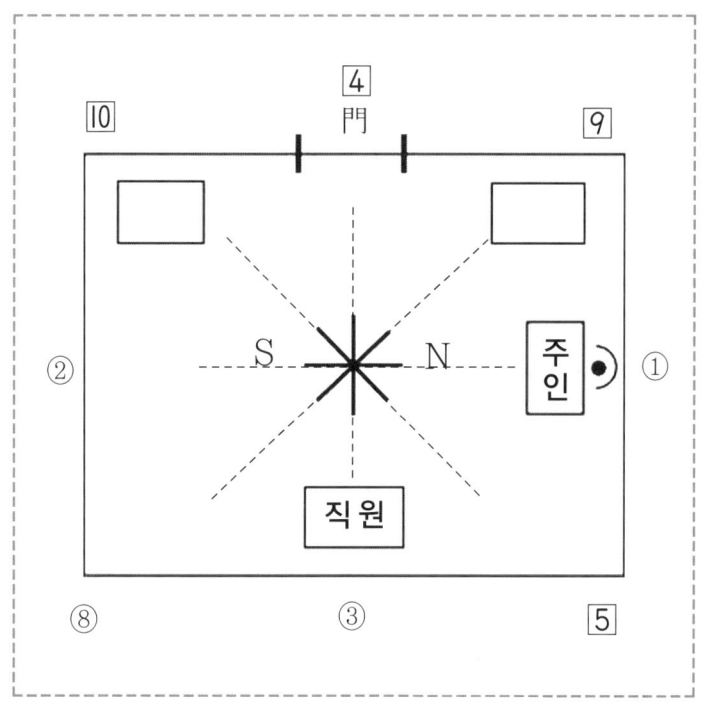

★ 길흉화복론

1) 길흉화복론은 상생상극(相生相克)으로 추리하는데 문방호 중심으로 각 방향별로 추리한다. 만약 4번은 토생금(土生金)이니 4, 9 금(金)의 이치로 약 5년은 무사하거나 크게 상생의 이치로 발복하는 예가 더 많다.

2) ⑨번은 ④번 소녀금(少女金)과 음양(陰陽) 이 배합(配合)이라 9년간의 높은 수리로 사용하여 잘 되는 것으로 보고 9년이 지나면 무해(無害)하다가 도리어 해가 오는데 매사불성(每事不成), 관재구설(官災口舌) 등이다
또 질병급사(疾病.急死) 같은 것이 해당되나 대개는 ⑨번 老父가 金生水의 이치가 쇠약하여 간병(肝病)으로 죽게 된다고 추리된다.

3) ⑤번은 少男土이니 ④번 문을 土生金으로 생(生)하는 이치(理致)로 5년간은 돈이 잘 들어오는데 흥청망청 잘 쓰느라 모이는 것이 없이 5년 후 고전하게 된다.

(2) 4번門에 ②번 사장자리

★ 칸막이부터 하고 사장 배치

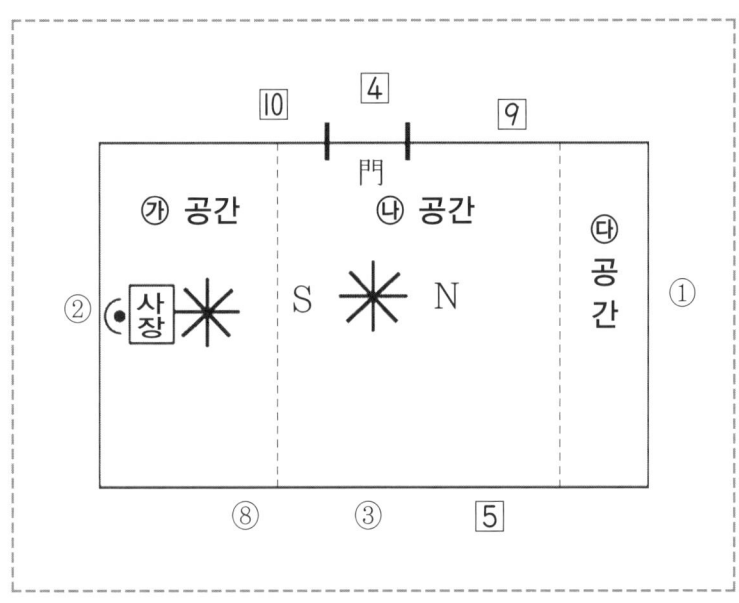

문 : 도형과 같이 길게 되어 있고 사장 자리와는 불배합이 되었는데 인테리어로 길하게 하는 방법은 없는지요?

답 : 인테리어 복가구성법

1) 우선 방향보다 사무실 자체가 흉상으로 되었으니 칸막이를 하는 것이 우선이다.

- 그림에 점선과 같이 칸막이를 하면 중앙 공간이 3대 4의 형태가 되었을 때 중앙에 패철을 놓고 출입문이 서사택(西舍宅)이니 이 서사택(西舍宅)을 꾸미면 복가 구성이 된다.

2) 서사택(西舍宅)방향인 ⑤, ⑨, ⑩번에 사장자리를 하면 되는 것이나 ④번 문에는 ⑨번이나 ⑤번 위치가 사장 자리로 제격.

3) 또 하나는 ②번 현 사장자리 있는 칸에 다시 패철(佩鐵)을 놓고 사장자리를 선정하는 방법도 있다. 이는 세부적인 인테리어가 되는 것이다. 그러나 칸막이 한곳에서도 서사택(西舍宅)을 꾸미는 것이 원칙이 되는 것이다.

- ㉮, ㉯공간 중 ㉮공간이 클 때 그 곳을 사장자리로 정하는데 그 곳에서 패철를 놓고 서사택(西舍宅)으로 꾸미는데 얼마든지 길한 자리로 골라 사장 위치를 정할 수 있는 것이다.

4) ㉯공간은 될 수 있으면 창고로 사용하는 것이 좋다. 왜냐하면 ㉯공간에서 크게 방위를 볼 때 동사택(東舍宅) 방위에 속하니까 흉(凶)방위에 공간이 된다. 이를 설기(泄氣)하는 것도 좋다.(설기하다 : 창고로 사용하거나 사용하지 않는 것) 그러나 사무실이 부족할 때는 문방호와 직원들의 계급에 맞춰 배치하면 된다.

(3) ④번 門에 ③번 주인자리

★ 칸막이 후 주인배치의 자리

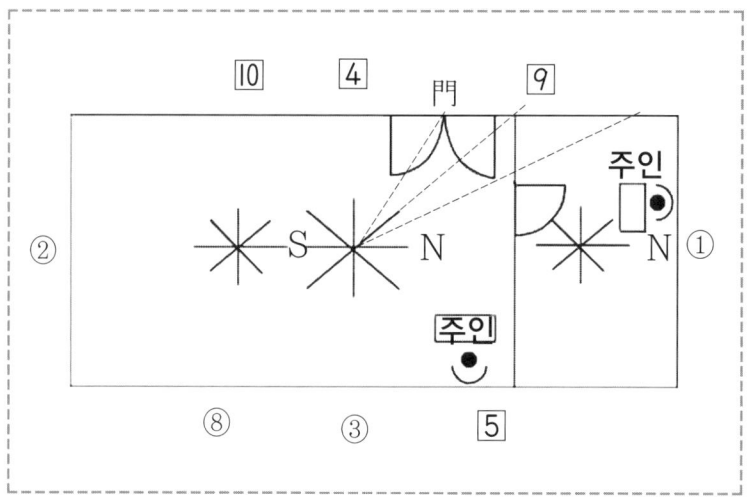

문 : 출입문이 ④번 ⑨번 사이다. 어느쪽을 보나요?
답 : 보는 공식법

1) 우선 본문의 추리법은 ④, ⑨가 서사택 제 짝이니 서사택 (西舍宅) 문으로 계산하고,
2) 만약 ⑨번 쪽으로 치우쳤다면 ⑨번 성정으로 추리한다.
● ④번 방향에 문(門)이 치우치면서 문이 두 쪽 일 때는 한쪽 문을 고정하고 ⑨번 방향쪽을 사용하면 양방향 문이 된다. 문은 양방문(陽方門)이래야 귀(貴)한 일이 생기고 사업발전 이 커지는 것이니 ⑨번 쪽문만 사용하도록 한다.

3) 인테리어 공식법
- 그러나 이 사무실은 가로가 길어서 흉상(凶相)에 해당된다. 칸막이 인테리어를 하여 길상으로 구성한다.

4) 칸막이를 폭의 길이에서 3/1을 앞면 거리에다 더해 준다면 폭의 길이가 3이고 앞길이는 4가 된다. 이를 3:4라 한다. 그래서 사무실 공간이나 건물 평면이 이와 같아야 기본형이 되어 길한 상이 된다. 칸막이 할 곳에 '점선'을 그리고 보니 도형과 같이 되었다.

5) 이때 3:4의 공간에서 중앙점에서 패철을 다시 고정하고 점고(点考)해 본다. 다시 기존 문은 ⑨번 방향이 되고 ⑤번 ⑩번 방향에 주인자리로 선정한다면 복가 구성이 잘 되는 것이다.

6) 그리고 큰 사무실도 ⑨번 서사택(西舍宅) 문이고 사장 ③번 자리는 ⑤번으로 변하여 복가가 된다. 그러나 다시 말하면 이와 같이 길게 생긴 사무실은
- 첫째, 칸막이가 필요하다는 것을 잊지 말아야 한다.

- 둘째는 출입문 방위에 맞춰 서사택을 꾸미는데 칸막이한 공간도 같이 큰 출입문을 중심으로 다같이 서사택을 꾸미는 것이 더욱 좋은 방법이 된다.

(4) 4번 門에 5번 사장위치

★ 각 방향별로 이해가 다르다.

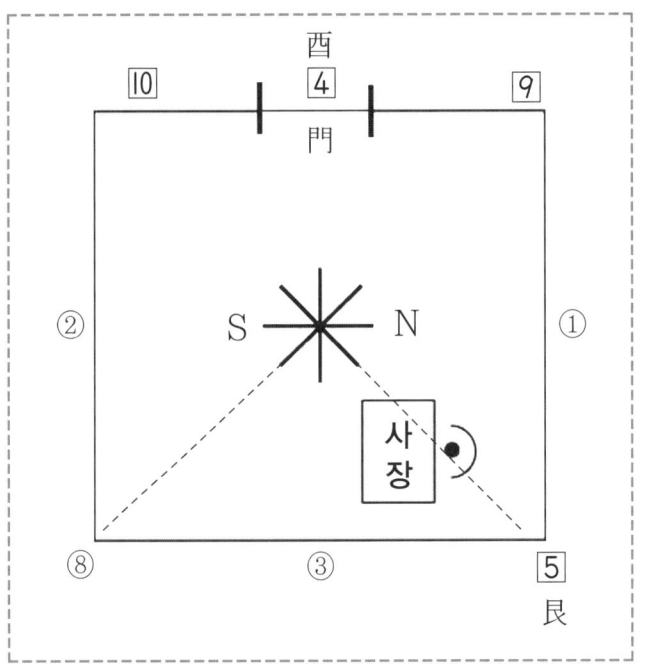

문 : 4번 출입문일 때 가장 좋은 사장자리는 어디인가요?
답 : 길흉보기

1) 4번은 문자리 자체가 좋은 자리가 아니다. 주택도 4번 대문집은 알아주지 않는 집이 다. 더구나 사업을 하는 사무실로는 더욱 좋지 못하다.

2) 그래도 ④번 문에는 ⑤번에다 카운터를 놓는 장사라면 좋은 배치가 된다고 보아야 하겠다.

- 첫째, 수퍼마켓, 구멍가게, 만화가게, 비디오 가게, 노래방, 다방, 분식점, 문방구점, 책방 같은 종목은 불나게 잘될 것이나
- 사업이 안 되는 업종은 약방, 치과, 한의원, 병원, 교회, 사찰 등을 경영하는 업종은 좋은 발전을 기대할 수 없다.

3) 그러나 ④번과 ⑤번 방위는 서사택 배합궁 이라 어느 사업이든 실패하는 예는 없다. 또 ④번은 소녀(少女)의 괘상이고 ⑤번 소남(少男)의 괘상이라 소남, 소녀 괘(卦)의 관계라 신뢰를 받지 못하는 괘의 방향이므로 이상과 같은 추리가 되는 것이다.

4) 만약 작은 병원이라 하자. ⑤번 방향에 의사가 위치하였다면 모두에게 철없는 의사처럼 보여져서 신뢰를 받지 못하게 된다.

- ⑤번 방향은 소남괘상이라 어리고 철없이 보여지게 되는 이치가 있기 때문이다. 한번 다녀간 손님은 소개도 안 할 뿐 다시는 찾아오지 않게 된다. 그래서 단골조성이 안 되어 망하게 되는 이치가 있다.

(5) [4]번 門에 ⑧번 사장자리

★ 칸막이 있는 공간의 패철 위치

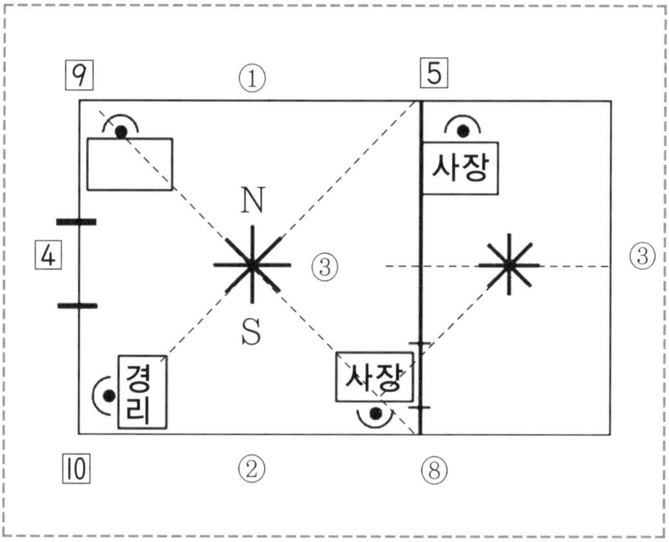

문 : 도형과 같이 칸막이가 있는 사무실이라면 패철 위치는?

답 : 패철 위치.

1) 공간 형태에 따라 패철을 두 곳에 놓아야 할 자리가 있고 한 번 놓아도 되는 자리가 있다.

- 전체 공간의 3:4의 형태일 때는 총 중앙점에 고정한다.
- 이 도형은 폭과 길이가 배가되어 2곳에서 고정한다.

2) 패철을 두 곳에 놓고 보니 [4]번 문에 ⑧번 주인자리로 불배합 되었다.

● 그것도 금극목(金克木)으로 오행(五行)에 가장 불길한 극을 당했으니 어느 사업을 막론하고 매사불성이다.

3) 이럴 때는 칸막이 한곳을 사장실로 꾸미되 서사택으로 하여야 한다. 즉 그림과 같이 또 8괘가 구성되는데 [9]번에 사장자리를 하고 또 [10]번 문을 내면 금극목의 해는 소멸되는 것이다. 그 다음은 큰 사무실에서 [9]번에 경리, [10]번에 공장장 또는 상무, 외무 사원 등이 앉게 되면 사업에 승승장구 할 것이다.

4) 여기서 더 하나 알아둘 것은 서사택(西舍宅)을 꾸몄으니 동사택(東舍宅) 방향은 모두 흉방이 되는데 흉방이란 서사택(西舍宅) 방향을 극한다는 이치가 있다.
그러므로 동사택(東舍宅) 4개 방향 중 가장 강한 위치를 설기(泄氣)하고 다른 3개 방향은 직원을 배치해도 무방하다. 어떨 때는 더 큰 기적이 일어나는 이치도 생기게 된다. 이것이 자연의 섭리요, 진리라 할 수 있다.

● 이 도면에서는 ③번을 설기해야 하는데 이를 때로는 그 방위를 죽인다라는 말의 뜻이다. 책장, 냉장고, 손 씻는 곳 등을 설치하는 것을 말한다.

(6) ④번 門에 ⑨번 사장자리

★ 길한 배치의 신선당(神仙堂)

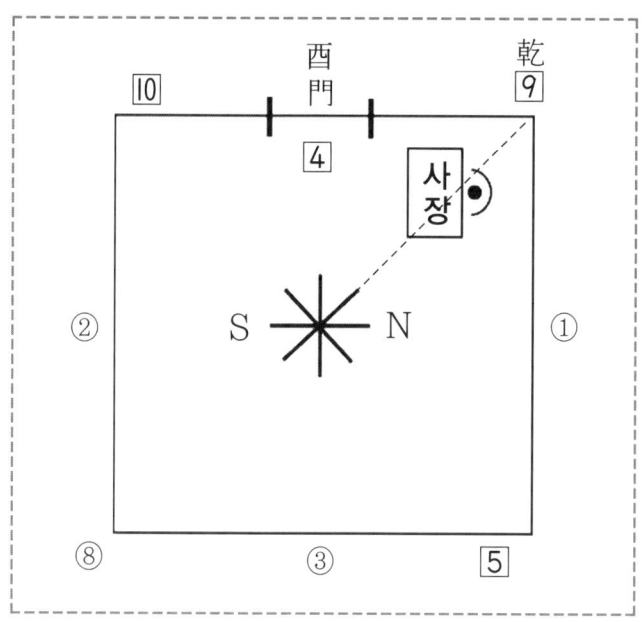

문 : ④ 酉대문에 ⑨ 乾 방위의 사장 위치는 어떠 한가요?

답 : 해설

1) ④와 ⑨의 결합은 세상에 둘도 없이 좋은 명당의 짝이 된다.
- 가옥에도 ④번 대문에 ⑨번 기두는 옛말에 신선당(神仙堂)이라 했다. 호화판으로 돈이 많이 벌어지고 또 호화롭게 많이 쓰고 살아가는 것의 호화스러운 생활 이치가 생겨져서 신선당이라는 말이 나온 것이다.(그래서 고서에도 이렇게 적혀 있다)

- 신선당 배치의 단점은 많이 벌어 다 쓰게 되고 모이는 것이 없어 세월이 지나도 재산을 증식할 수 없는게 단점이다.

2) 이에 따른 옛날이야기가 하나 생각난다. 딱딱한 공부를 해소시키는 뜻으로 옛날이야기 하나 해보자.

● 옛 이야기

　때는 이조 말엽에 가까운 시절이다. 염라대왕이 저승에 잡혀온 영혼들을 심판하다보니 죽을 때가 아직 안 된 젊은 사나이 세 사람의 영혼이 잘못 잡혀왔다.

　깜짝 놀란 염라대왕은 급히 잡아온 일직 사자를 불렀다. 어찌된 일이냐고 물을 겨를없이 이 세 사람의 영혼을 빨리 이승으로 데리고 가서 살려 놓도록 명령하였다. 그 날 일직 사자는 세 젊은 영혼들을 데리고 이승으로 빠르게 재촉하였으나 이승에 와 보니 벌써 장사가 끝난 뒤였다.

　혼백이 다시 찾아왔어도 시체가 없으니 살아날 수 없게 된 딱한 신세가 되었다. 사랑하는 아내와 어린 자식들은 아빠와 남편을 잃은 설움으로 슬피 울고 있는데 저승에서 돌아온 영혼들도 아내와 자식들을 끌어안고 같이 울었으나 아내나 자식들이 아빠의 영혼이 보일 리가 없다.

　그러나 어찌나 한데 엉켜 안고 슬피 우는지 그것을 지켜보는 두 사자들도 같이 울다가 보니 어느덧 닭 우는 소리가 난다. 새벽 3시경이 다 되었다. 일직 사자는 날이 새기 전에 급히 서둘러 세 사람의 영혼을 데리고 저승으로 다시 돌아왔다.

일직 사자는 염라대왕께 이승에 가서 있었던 슬픈 장면을 고하고 세 사람의 영혼을 살려달라고 애원하면서 하루속히 세 사람의 젊은 영혼을 다시 태어나게 하여서 높은 관직을 제수하여 불쌍한 처자식을 늙은 뒤라도 도와주게 해 달라고 염라대왕께 애원했다.

인정 많은 염라대왕은 그리 승낙하고 한 사람씩 불러 다시 태어날 때 무엇이 소원인지를 물어보고 들어주기로 했다.

한 친구는 승전장군이 소원이라 하여 그리 승낙했고 또 한 영혼은 삼공(三公:영의정, 우의정, 좌의정)이 원이라 하여 그것쯤 어려운 것이 아니라며 그리 태어나도록 하였다는 것인데, 남은 한 영혼은 소원을 말하지 않았다. 들어 주지도 못할 것을 말하면 무엇 하느냐는 식으로 염라대왕을 얕잡아 보는 눈치로 대답을 안 하자 염라대왕은 자기를 무시하는 처사라고 화가 단단히 나게 되었는데, 무엇이든지 못 들어줄 바 없으니 어서 말하라 하여 호통이 시작 되었다.

이윽고 젊은 영혼이 하는 말인즉 참으로 괴짜다. 겨우 한다는 말이 "논, 밭 15마지기를 제수해 주시오." 했다.
염라대왕이 하도 우스워서 배꼽을 잡고 웃음을 참지 못한다.
이 두 영혼은 장상(將相 : 장군이나 영의정)이 되겠다는 큰 포부에 젖었는데 이 젊은 영혼은 겨우 한다는 말이 논, 밭 15마지기를 달라고 하여 염라대왕은 여전히 웃음을 참지 못했다. 이 젊은 영혼이 다시 말하기를 "옥수 같은 냇물이 흐르고 아름다운 산세가 둘러싼 명당택지에 초가삼간 집을 짓도록 해 주시고 …." 그래서 또 웃었다.

다음은 "나보다 15세 적은 미인과 백년해로하게 해 주옵소서." 하고 소원을 말하니까 말이 끝나기도 무섭게 화가 벌컥 난 염라대왕 하는 말이 "예라 이놈아! 그런 자리가 있으면 내가 벌써 가졌겠다. 그런 자리가 있었으면 이 때까지 이 염라대왕을 했겠냐"는 말이었으니, 사람의 짧은 한평생 즐겁고 호화스럽게 아내와 자식을 사랑하며 욕심없이 소박하게 사는 꿈이 바로 신선일 것이다.

※ 같은 그림 연결로 보기

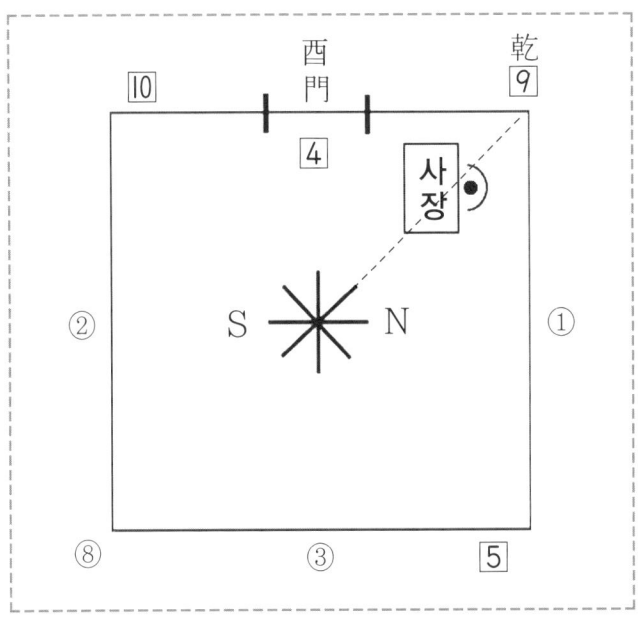

4와 9의 결합이 신선당이라 한 것은 이상과 같은 이야기인데 4번 대문 괘의 예쁜 소녀가 - 9乾 노인을 사랑합니다 -하고 찾아오는 격이니 그보다 더 좋은 신선당이 또 어디 있겠는가 … 인생무상…

(7) ④번 門에 ⑩번 사장자리

☆ 업체 종목에 맞추어 배치할 것

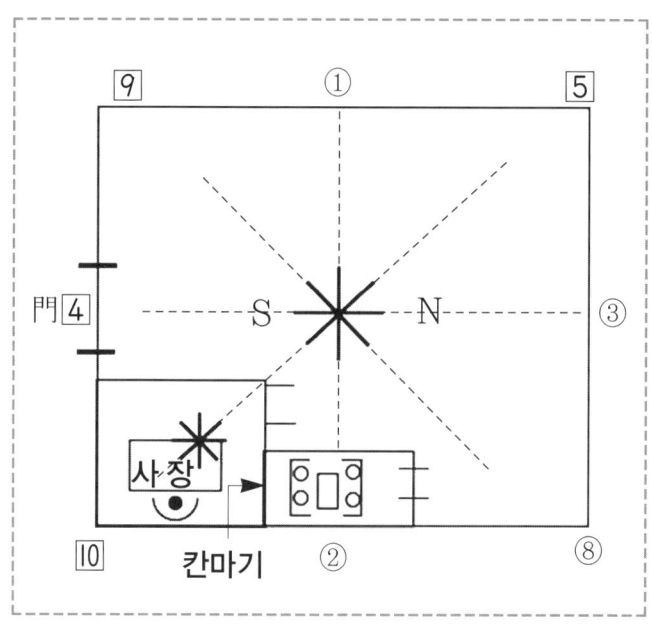

문 : 서사택(西舍宅)을 구성하고자 그림과 같이 ⑩번 방향을 칸막이하고 또 ⑩번 방향에 사장 책상을 놓았을 때는 어떤 길흉화복일까요?

답 : 길흉화복(吉凶禍福)을 보는 공식은 단독주택일 때는 주(主)위치와 문(門)을 상대로 보는 것이나 인테리어는 문과 사장, 또는 주인 카운터 자리를 상대로 보는 것이다.

★ 길흉의 공식법

1) ④번 문은 소녀금(少女金)의 괘인데 주위치(主位置)는 노모토(老母土)를 만난 것으로 하여 그 추리를 하는 것이다.

● 이를테면 ④번 문은 젊은 괘이라 사업의 진도가 작다. 소품 생산업체로 공장이나 상업을 하면 적은 돈이라도 자주 들어오는 괘이다.

● 사장자리는 상업이나 공장 같은 것을 하면 추진력이나 패기가 없어서 실패할 괘에 해당한다.

● 다음은 음양이 배합인가를 보는 것인데 ④번이나 ⑩번은 모두 음이 되는 것이라 차 길에 속한다. 변화가 없으니 사업발전을 기대할 수 없다. 상업쪽이 유리하다.

● 혹 가정집이라도 순음(純陰)이라면 자식보기가 어렵고 가문의 발전이 희박하다.

- ④번과 ⑩번의 오행을 맞춰본다. 상생(相生)이니 길하다. ⑩번 괘는 부동산이면 느리긴 하나 큰 부동산에 도전하여 큰돈을 벌게 된다.

문 : 적은 공간을 만들어 국내 외국 바이어와 사업거래를 상의하는 장소로 사용하면 어떠할까요?

답 : ②번 방향으로 흉방이니 그곳이 어느 사업이든지 실패하겠다. 문과 순음(純陰)이 되었으니 변화, 발전이 없고 ②번 화(火)가 ④번 금(金)을 극하니 오는 손님마다 귀 회사를 손해 부치는 격 되어 사업에 4, 9수리로 파산하겠다.

문 : 고치는 방법은 없나요?

답 : 그림에 칸막이를 터놓은 다음 사장이 직접 바이어를 상대한다면 바이어들이 사고자 했던 곳에서 2, 3배 더 살 것이다.

제 5 장

[5]번 門에 – 7개 방향 해설

(1) [5]번 門 – ①번 主 = 흉가배치 각 방향의 길흉

(2) [5]번 門 – ②번 主 = 흉가배치에 길한 배치를 찾자

(3) [5]번 門 – ③번 主 = 각 방향 번호별 길흉론

(4) [5]번 門 – [4]번 主 = 종목별로 길한 배치

(5) [5]번 門 – ⑧번 主 = 각 번호 방향의 문답

(6) [5]번 門 – [9]번 主 = 복가 배치의 정석

(7) [5]번 門 – [10]번 主 = 복가 배치의 묘한 이치

(1) 5번 門에 ①번 사장자리

★ 흉가 배치 각 방향의 길흉

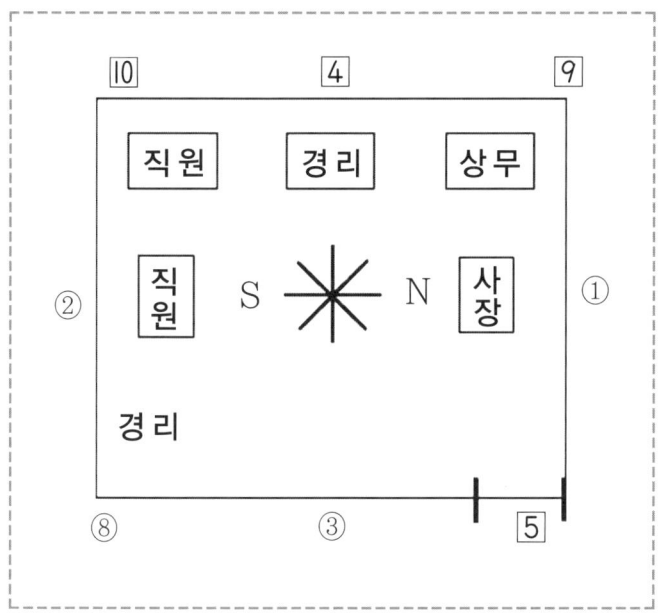

문 : 5번과 ①번으로 불 배합 사택(不配合舍宅)이 되었을 때의 길흉화복(吉凶禍福)이 어떠한가요?

답 : 길흉보기

1) 동,서 불배합(東.西不配合)이란 흉가배치(凶家配置)를 말한다. 우선 공장(工場)이나 상업(商業)의 운영상이 매사불성이다.

● 이와 같은 배치(配置)로 오래간다면 우선 관재구설(官災口舌)로부터 요절(夭絕), 질병, 손재 등의 해를 당하게 되는 것이 불배합의 이치라 할 수 있다.

★ 각 방향의 길흉화복론

1) ⑤번 門과 ①번 사장자리의 위치는 동,서사택간에 강한 불배합의 충돌이다. 또 ⑤번 토(土)가 ①번 수(水)를 극하는 이치로 거래가 막히게 된다.

2) 이를테면 ①번이 대형트럭이라면 ⑤번은 소형승용차와 같아서 소형승용차가 대형트럭을 받고 부서지듯이 외부에 거래하는 경영 문제가 산산이 부서진 꼴이 될 것이다.

3) 이곳은 사장 위치가 잘못 되었다. 사장 위치가 ④. ⑨. ⑩에서 사업 종목에 맞추어서 재 배치 한다면 문은 귀(貴)의 상징이고 경영의 잘 되고 못 되는 일체가 문에 매여 있다. 문방호와 사장자리의 방호가 길격으로 배합, 배치되어야 어느 사업이든 승승장구할 수 있다.

★ 같은 그림 연결로 보기

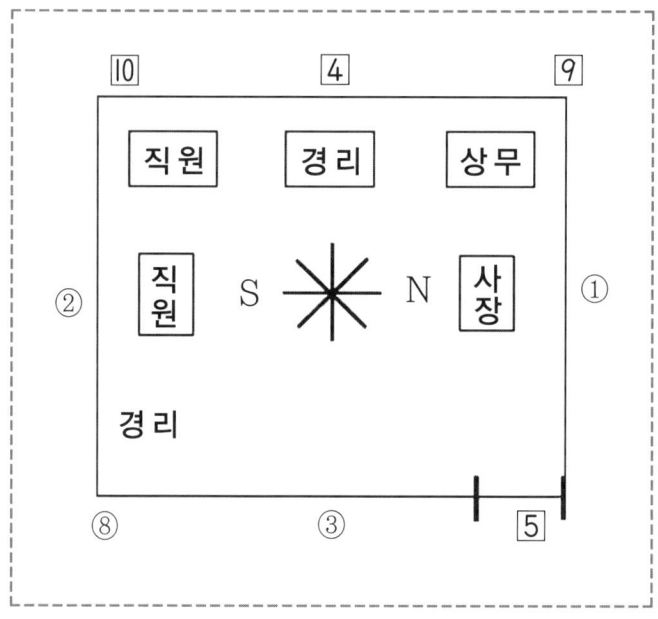

문 : ⑨번 상무는 ⑤번 문과 어떠할까요?

답 : ⑨, ⑤가 제짝인 것은 좋으나 사장위치와 문이 불배합 으로 장애가 따르니 ⑨와 ⑤의 배합에도 장애가 따른 다고 보아야 한다. 그러나 초반에는 ⑨와 ⑤의 이해를 추리한다면 양양의 기세로 경영추진이 잘 된다. ⑨는 건(乾) 즉, 높은 卦이라 회사경영의 신뢰도와 추진력이

강하고 외부로부터 추앙 받는다. 그러나 사업 거래는 잘되지 않는다.

- 4번 경리자리는 재정이 잘 순환되게 하는 힘이 있고 반면 낭비력이 많은 자리이다. 그러나 수금이 잘되게 하는 자리이기도 하다.

- 10번은 동작은 느려도 재산 끌어 모으는 힘을 가졌다. 그것도 크고 거대한 재산에만 흡수력이 크다. 큰 부자가 되려거든 10번에 경리자리를 하고 거대한 사업이라야 한다.

- ②번은 경영이 불같이 이루어지는 자리다. 대 기업, 소기업, 영세업체 모두 경영이 잘 이루어지는 자리이니 문과 배합을 잘 구성하면 된다.

(2) ⑤번 門에 ②번 사장자리

★ 흉가 배치이다. 길한 배치를 찾자.

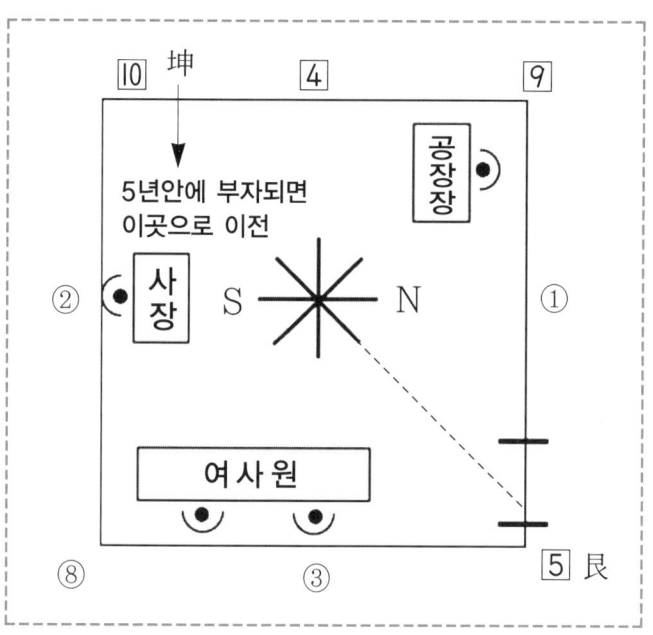

문 : 대문이 ⑤번 간(艮) 방인데 ②오(午)좌에 사장 위치가 어떠할까요?

답 : 보는 순서
 1) 이 공식을 보는데 우선 ⑤번과 ②번이 제 짝패인가 먼저 보아야 한다. 배합 복가배치(配合福家配置) 말이다.

- 5와 ②는 모형부터 다르다. 제짝이 아니다. 세부 이해를 논하기 전에 매사불성(每事不成)이라는 것을 전제로 하고 세부적(細部的) 길흉을 추리하겠다.

- ②오(午)는 중녀 화(火)이고 5는 간(艮) 소남토(土) 괘이다. 우선 중녀가 자식(子息)이 없어 고아원에서 남자 아기를 내 자식 삼으려 데려온 격이고

- 오행(五行)은 또 화생토(火生土)가 상생한다고 하지만 불배합(不配合) 배치가 되면 서로 상생이 되지 않으므로 보는 것 그대로 오행(五行)의 이치인 것이다.
  처음에는 생하는 이치와 아기를 기르는 기쁨의 정신으로 기업이 반짝하는 사업의 추진이 될 것이나 토(土)에 5로 맞혀서 도리어 터지는 해가 생긴다.

- 사업을 크게 확장이나 투자를 하면 실패한다.
  세상만사 이 세상에 태어나면 먹을 것이 있어 살아가게 마련인데 소규모로 분수에 잘 맞추면 그것이 바로 즐거운 것이다.

- ②, 5는 제 짝이 아니어서 반파의 우려가 도사리고 있다. 크게 투자를 하거나 확장을 하면 실패하게 되어 있다. 이 책을 자세히 읽어서 자기 사업에 알맞는 인테리어를 하는 것이 자연 이치에 따르는 것이다.

★ 같은 그림 연결로 보기

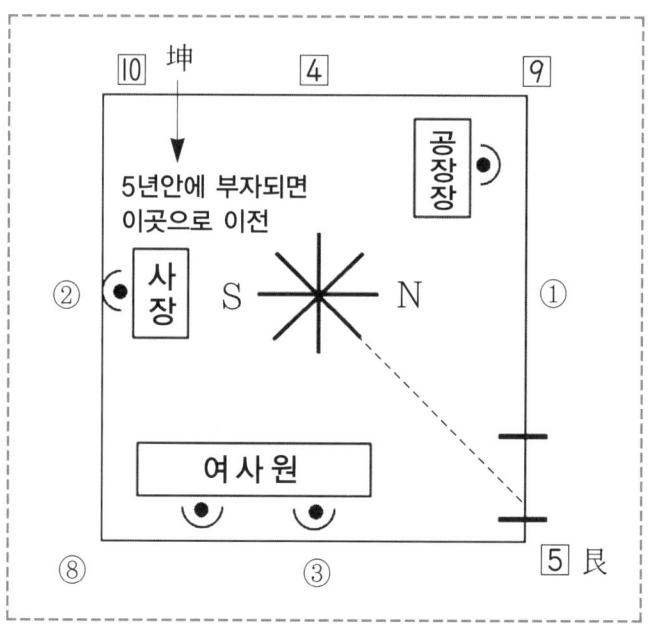

- ②는 화(火)이고 ⑤는 토(土)이니 화생토(火生土)로서 토의 5수리로서 5년 간을 ②의 재궁(財宮)이 많은 재물을 흡수할 것이다.
  이때 사장자리를 옮기지 않으면 수시로 재물이 흩어지는 수도 있다. 대개는 5년에 생만 받고 상생(相生)이 안 되어 일시에 터지는 수가 많다. 즉 일조파산을 말한다.

- 서로 상생(相生)이 안 되는 이치는 동·서사택의 불배합 되는 살(殺)이 더 큰 이치다.

● 또 ②火가 [5]로 土의 만남에서 때로는 기현상이 일어나서 자기의 분수에 넘치는 큰 재산을 얻는 횡재를 할 때가 있다. 이 이치는 ② [5]가 제짝이 아닌 '克'에서 화생토(火生土)의 이치로 생기는 현상이다.

● 그러나 시효가 지나면 물거품 같다. 이상과 같은 기적을 원하거든 ③, ⑧번에 여자사원을 앉히고 [9]번에는 공장장을 앉히면 이같은 기현상으로 나의 분수에 넘치는 큰 재산을 만지게 되는데, 이때 즉시 동 · 서사택에 복가 배치를 구성하면 그 큰 재산이 영원한 내 것이 되는 수도 있고

● 바른 방법은 많은 재산(財産)이 모였으면 그 재산을 보호(保護)하고 더 발전(發展)하기 위해서는 즉시 [10]번 자리로 사장이 자리를 옮기고 사업을 정돈(整頓) 하고서 재(再) 투자(投資) 확장(擴張)해야 사고가 없이 발전한다. 이것은 큰 기업일 때 하는 인테리어 이다.

(3) ⑤번 門에 ③번 사장자리

★ 각 방향 번호별 길흉론

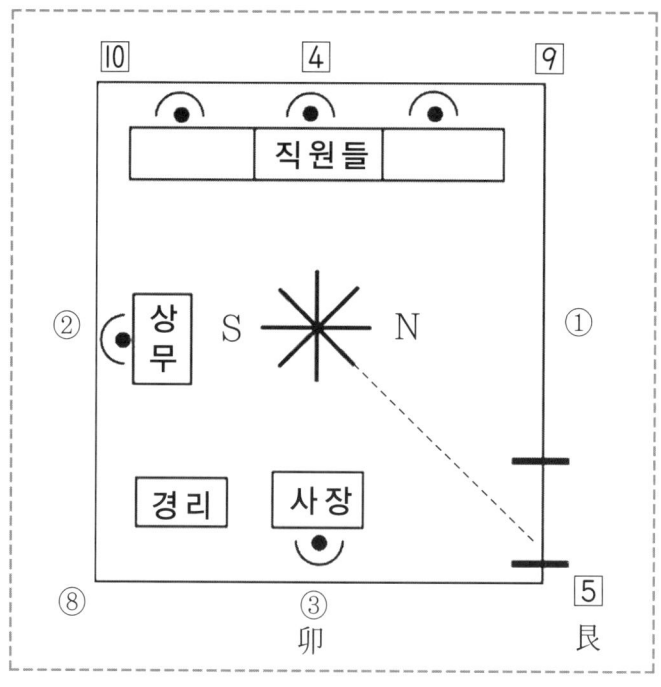

문 : 대문은 ⑤간(艮) 소남토(少男土) 방위에다 사장 책상위
치는 ③卯 장남목(長男木)일 때 어떤 이해가 생기나요?

답 : 길흉의 이치

1) ③번과 ⑤의 만남은 한마디로 고양이 앞에 쥐 격이다. 기업이든 가정집이든 기압에 눌려 위태하게 살아가는 ⑤번 문의 쥐의 신세 격이다.

2) 대문은 그 업체의 귀(貴)의 상징(象徵)이다. 사업, 진급, 출세, 출마, 합격 등의 귀한 일이 대문으로부터 이루어지는데 사장이 위치한 곳에서 강한 장남목(木)에 극(克)을 당했으니 제방 둑 같은 흙이 무너지는 격으로 파산하는 격이 된다.

● 필자는 풍수공부를 하며 이와 같은 가정주택이 강제 경매에 넘어가는 것을 많이 경험 한 바 있다. 경매에 넘어간 집은 한결같이 불배합 사택 이었다.

※ 같은 그림 연결로 보기

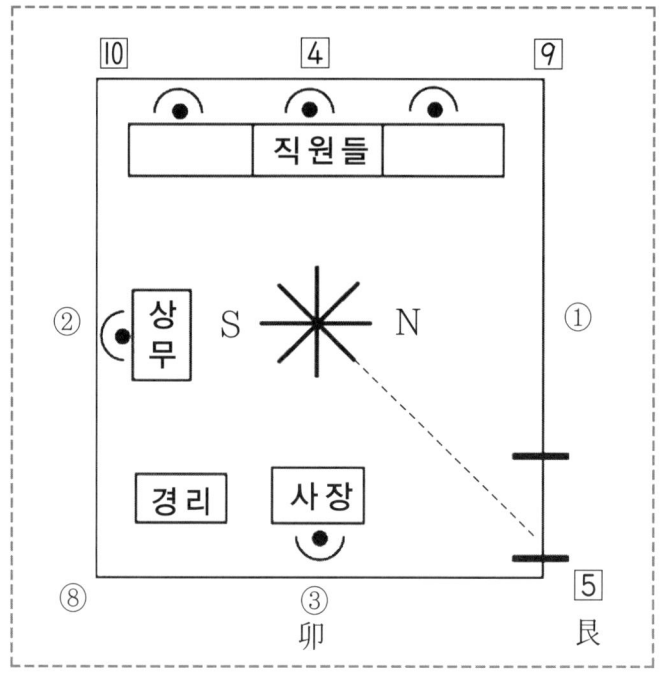

★ 길흉화복론

1) ③번은 동사택(東舍宅)이고 ⑤번은 서사택 (西舍宅)방호이라 서로 불배합이 된 것이다. 불배합이란 자체가 살(殺)이라는 것이다. 살은 매사불성인데 그 외에 재패, 병패, 인패가 모두 따르게 되어 있다. 그러니 모든 사업이나 공장 같은 사업에 순조로움이 없다.

2) ②번 상무자리는 [5]번 문을 화생토(火生土) 하지만 엄격히 따지면 사장위치와 문방향의 불배합으로 상생(相生)이 불가하다. 예를 들면 불배합의 상생은 원래 시효가 있다. 화생토(火生土)만 계속하게 되고 생(生)만 받는 간토(艮土)는 5년이 되면 팽창되어 일시에 터지는 현상이 된다.

3) 경리 ⑧번은 목(木)이라 대문 [5]번을 극(克)하니 금전출납은 매우 부진하게 된다. (금전으로 인한 손해가 많다)

★ 같은 그림 연결로 보기

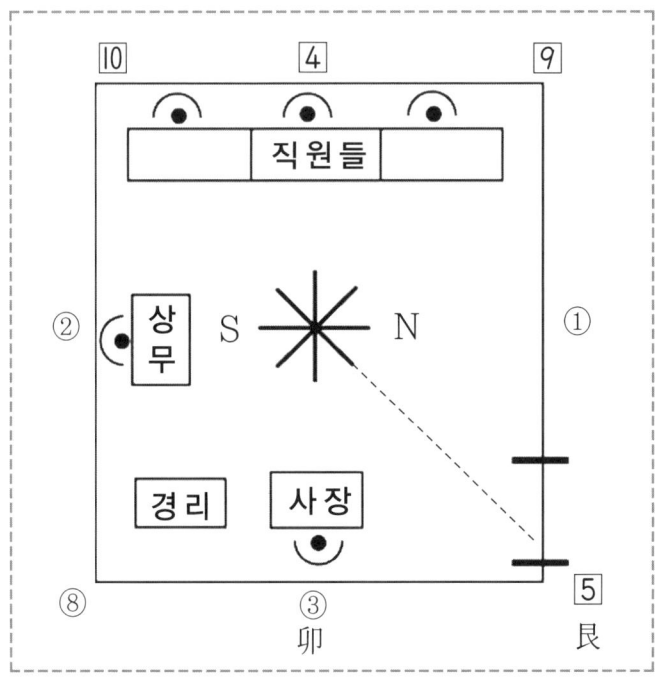

4) 또 경리가 ⑤번 문을 극하고 있으니 돈줄이 막힌다.(은행이나 채무 등.)

5) 직원 3인이 ⑩, ④, ⑨에 위치했는데 사장위치의 묘목(卯木)을 ④, ⑨의 쌍금(双金)이 극하여 3·8수리에 해당되어 쇠붙이에 다쳐 죽는 괘상이다. (3·8 수리론 : 3년

8개월로 해묘미년월일시(亥卯未年月日時)에 당한다는 의미이다)

6) ⑩번 토(土)는 卯木의 극을 받으니 하는 일마다 파격이라 마침내는 사장의 미움을 사게 되어 쫓겨나는 신세가 된다. 그러나 ④, ⑨, ⑩번에 앉은 직원이 착실하면 회사에 이득이 가는 일을 많이 하고 경륜을 많이 쌓고 심신이 건강하다면 출세 괘다.

● 종합해서 설명 하자면, 사장위치가 ③번이 흉가배치나 그래도 ④, ⑨, ⑩이 대문 ⑤번과 제 짝패를 맞아 처음 시작하는 사업은 잘 이루어질 것이나, 차차 영업이 부진해 지면서 현장유지에 급급하게 될 괘이다.

(4) ⑤번 門에 ④번 사장자리

★ 종목별로 길한 배치

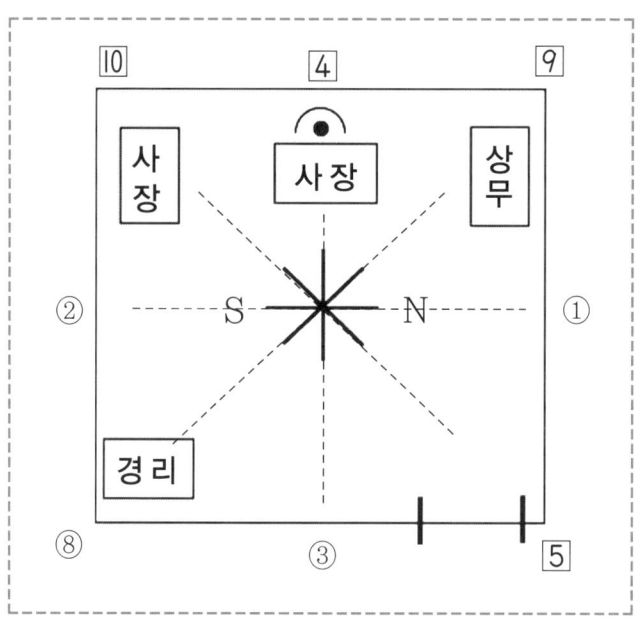

문 : ⑤번 간방 소남 토문(艮方少男土門)에 ④번 방향의 배치법의 이해는 어떠한가요?

답 : 복가 배치의 인테리어가 되었다.

1) 문과 사장자리가 西舍宅의 좋은 궁합으로 배합의 구성이 되었다. 사업, 상업, 공장 등 생기가 넘치고 활기찬 운영이 될 것이다. 그러나 무역이나 대기업은 조금 힘이 더 들 뿐 길한 배치이다.

2) ⑤번과 ④번의 특징은 부피가 적은 품목을 다루는 공장, 상업이면 급성장을 할 수 있다.

3) 반면 큰 물품의 상업, 대규모의 무역, 큰물품의 제조공장, 대기업의 경영에는 큰 성장을 기대하기 어렵고 현장 유지에 급급할 것이다.

4) 이와 같은 이치는 5번은 소남(少男)의 성정이고 4번은 소녀의 성정의 괘상 때문이다.

5) ⑤문에 ④번은 복가배치는 되었으나, 소남, 소녀이니 괘상의 성정이 약한 배치가 되었으니 그래도 서사택 정상 배치가 되었다.

6) 이와 같은 때는 차석인 상무나 공장장의 길 방을 찾아야 하는데 이럴 때는 9번 방향(方向)이 제일 길(吉)방이다. 이곳에 부사장, 상무, 공장장 같은 직책자를 배치하는 것이 좋다.

※ 같은 그림 연결로 보기

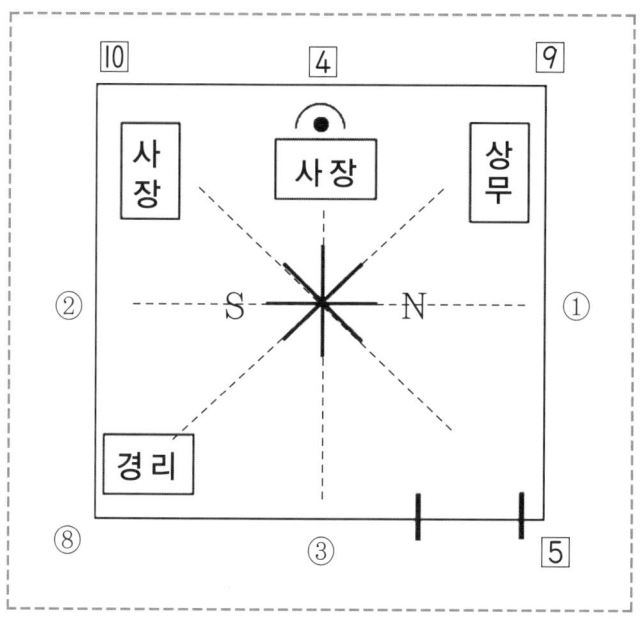

7) 더 좋은 것은 고문격 인사를 배치해 모신다면 인테리어 구성 자체가 변모하여 사업 자체가 화끈하게 급성장하는 대규모의 변화가 있을 것이다.

8) 그러나 경리위치를 소홀히 한다면 많은 차이가 생길 것이니, 경리위치는 10번이나 8번 방위가 길방이다.
10번 경리 위치는 대기업이나 큰 물건 취급, 큰 공사를 업으로 하는 회사에 적격이고, 좀 느린 것이 흠이나 그 대신 거금을 흡수할 수 있고 경리사원 아가씨를 ⑧번에 두어야 느린 것을 면하고 순환이 잘 된다.

9) 대기업이면, ②번 위치가 경리자리로 제일이다. ②번은 재정 교재에 '양'이나 '음'이 필요한 대로 변복을 하는 자리라 세게 시장에 가서도 능숙하게 재정 관리가 순환 되는 괘이다.

※ 같은 그림 연결로 보기

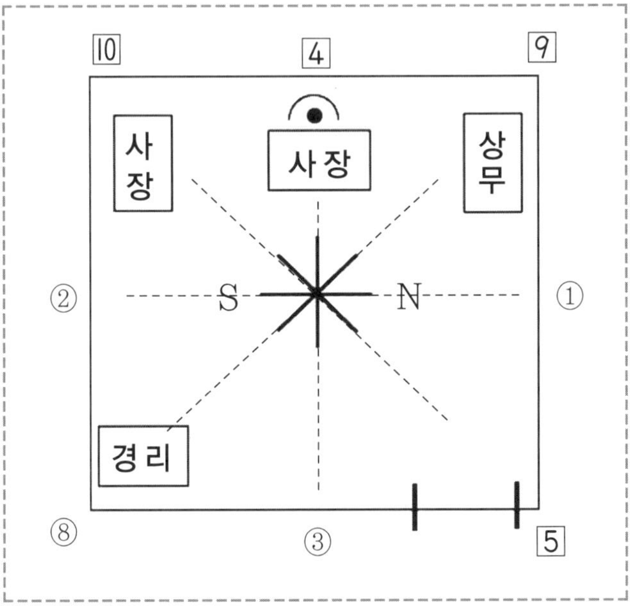

● ⑧번 위치는 소기업, 도매상, 부품공장, 슈퍼, 병원, 한의원, 약국 등이 적격이다.

● [10]번 위치 경리이고 [9]번에 공장장이나 상무 위치면 돈 버는 것에 간혹 괴이한 일이 일어나는 수도 있다. 쉽게 말해 일확천금이 벌릴 수 있는 자리이다.

● 이치는 다음과 같다. [10]번과 [9]번은 강한 제 짝이다. 제 짝을 찾는 일이 생기기도 하는데, 사장이 이를 눈치 채고 역이용하면 사업에 대성하는 일이 생길 수 있다.

● 그러나 간혹 경리가 여자이고, 상무나 공장장이 미남이면 연애가 이루어져 회사가 넘어가기도 하는데, 이 또한 사장이 역이용할 수 있다.

● 그러나 사장이 방심하면 그 기업은 도산하여 그에게로 넘어간다.

● [8]번 위치는 서사택(西舍宅)에서 흉방인 동사택(東舍宅)을 이용하는 방법이다.

● 서사택(西舍宅) 구성이 정상화되었을 때는 동사택(東舍宅) 방호를 사용하면 더 좋은 길방이 된다. 또 간혹 기적 같은 변화가 일어나서 귀 회사에 큰 발전의 계기가 되는 기회도 생기는 것이니, 기회 포착을 잘하면 큰 경사를 얻게 되기도 한다.

(5) ⑤번 門에 ⑧번 사장자리

☆ 각 번호 방향의 문답

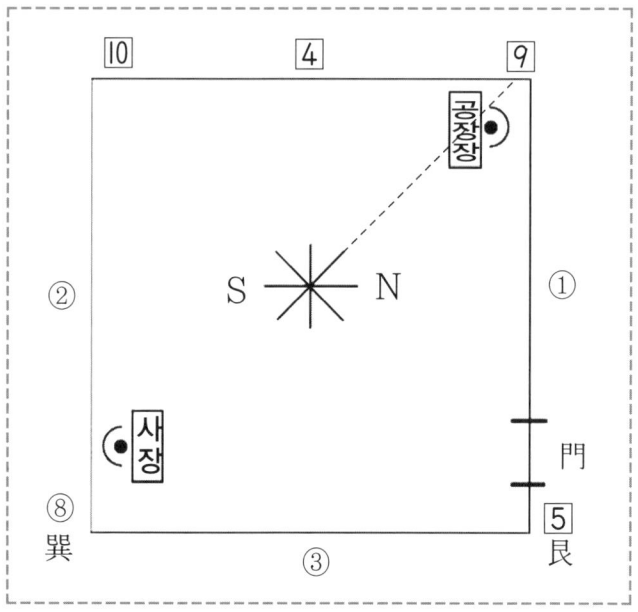

문 : 대문 [5]번 간(艮)에 사장자리 ⑧번 손(巽) 방향인데 어떠할까요?

답 : 길흉론

1) [5]번 간(艮) 소남토(土)에 ⑧손 장녀목(木)은 목극토(木克土)하는 상극(相克)관계로 만났으니 가정집이나 기업이든 우선 구설수가 많고 심하면 관재구설로 망하는 수도 있다.

2) 사장위치 巽이 대문 토(土)를 극하는 이치가 되었다. 본 회사의 귀(貴)에 상징인 대문처에 '극'을 당하고 있으니 경영하는 상대의 손님들을 구타하여 내쫓는 격이 되었다. 그러니 사업은 처음부터 부진하게 될 것이다.

● 어느 사업이든 대문을 극하는 것은 망하는 이치고 少男이 극을 맞는 것은 가옥일 때 생남하지 못한다. 또 병으로 볼 때는 위장병이 아니면 폐혈병(肺血病)이 틀림없다.

※ 같은 그림 연결로 보기

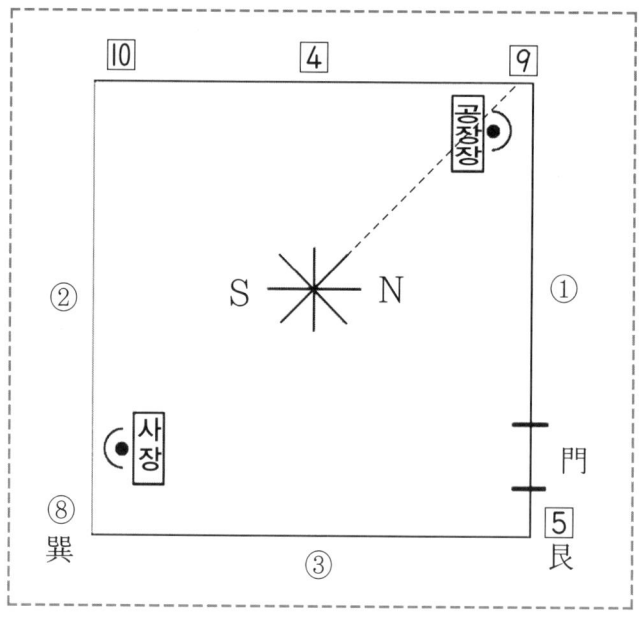

3) ⑨번 위치는 사장이 앉아야 배합배치로써 승승장구하는 최고의 자리가 되나 공장장 이 앉았으니 처음은 ⑤번 문에 토생금(土生金)으로 5년 간은 공장이 잘 될 수 있으나 5년의 시효가 지나면 그 후 관재, 재산 손해 아니면 공장기계도 고장날 우려가 있다.(불 배합 구조에서 생은 받는 쪽 오행수리가 지나면 풍선이 터지는 이치로 간주하라.)

4) 경리가 ③번은 양(陽)이라 불길하다. 음 (陰)이래야 재산이 모인다. 둘째는 문을 극하는, 이치라 거래 손님을 배척하는 격이 되었다. 출입문 ⑤번도 양(陽)이요 ③번도 양이니 공장을 처음 시작할 때는 버는 것도 많고 쓰는 것도 많게 되어 남는 것이 없겠다.

● 그러나 ⑤번과 ③번에는 극살(克殺)이 있어 관재구설에 ③번 목(木)이 ⑤번 토(土)를 극하여 매사불성으로 파산에 이르겠다.

(6) 5번 門에 9번 사장자리

★ 복가 배치의 정석

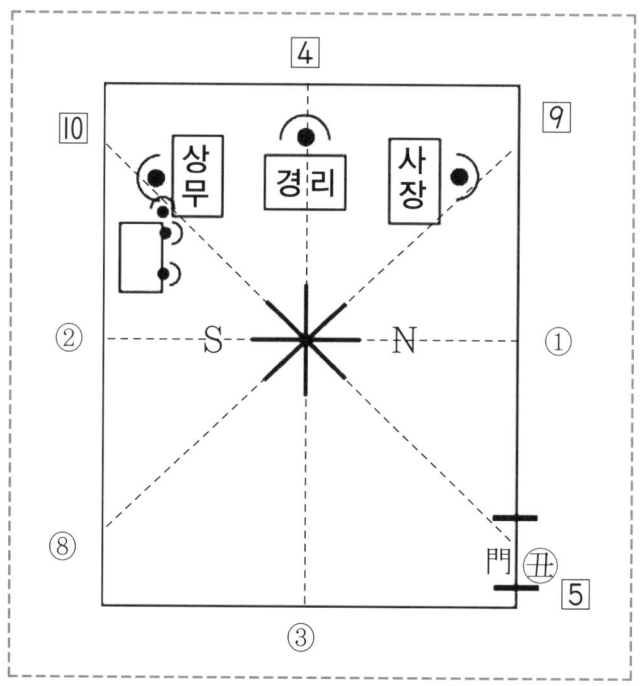

문 : 5번 門에 9번 사장위치의 이해는?

답 : 복가의 성정이다.

1) [5]번 艮門은 적은 품목으로 자주 거래가 촉진되는 성정(性情)이다. [5]번 대문일 때는 [4], [9], [10]번이 길방이고 ①, ②, ③, ⑧은 흉방위(凶方位)가 된다.

2) 가장 중요한 사장위치는 [4], [9], [10]번 중 [9]번 방위라야 한다.

● [9]번은 통솔이 잘되고 외부 거래시 그 회사의 물품이 귀하게 보여 지고 신용을 얻게 되는 자리이다. [9]번은 건(乾)괘라 하여 하늘을 상징하는 괘라 모든 직원들과 회사로부터 추앙을 받게 되고 회사의 질서가 안정 된다.

3) 경리자리는 [4]번이나 [10]번이 좋다. 그런데 회사의 물건이 적은 품목으로 자주 거래가 되는 사업이라면 [4]번 방위가 좋고, 큰 물건으로 거래하는 사업에는 [10]번이 길한 방위가 된다. 이는 재궁(財宮)의 방향이기 때문이다.

4) 또 [10]번 자리는 상무위치로도 적합하다. 만약 상무가 [10]번에 앉게 되면 이때 응접세트도 그림과 같이 배치하여 상무가 [10]번에 앉아 상대자 즉 '바이어'와 교제를 한다면 모든 이익된 내용이 [10]번 상무에게 밀려들어 오게 되어 있다.

(7) ⑤번 門에 ⑩번 사장자리

★ 복가 배치에 묘한 이치

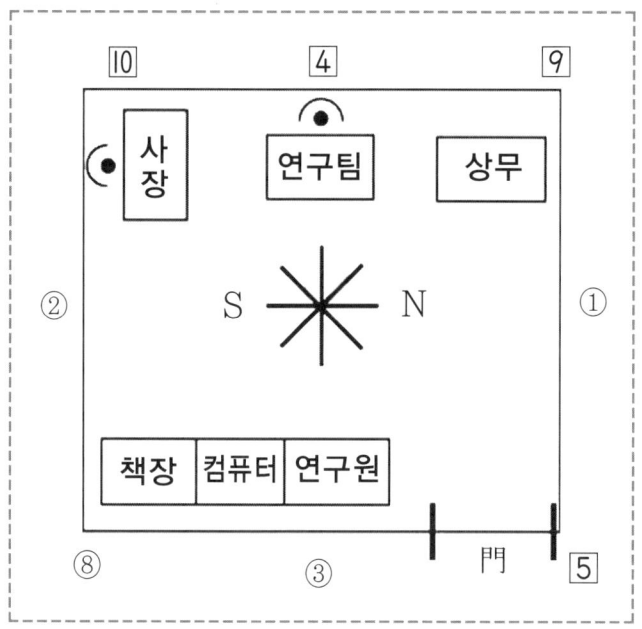

문 : ⑤번 門에 ⑩번 사장자리는 어떠할까요?
답 : 복가 배치의 이치가 된다.

1) ⑤번 門은 少男의 성정이라 활기가 있고, ⑩번 노모(老母)의 성정이다. 기업이나 상업의 운영이 안정이 되어 잘 되는 방법.

- 만약 가정주택으로서는 길한 배치라 할 수 있다. 말하자면 자식이 없는데 생남한 괘상이니 이보다 더 기쁜 일이 없을 터이라 구두쇠 부자 되는 괘로 보는 공식 같은 이야기다.

2) 그러나 사업에 있어서는 복가(福家)배치는 되었으나 5년이나 (큰 사업체라면) 10년 간의 반짝하는 발전 후 더 이상의 발전이 불가피하다. ⑩번은 老母의 성정이라 신개발 품이 부진하다.

3) 여기서 좋은 방편이 하나 있다. 개발시스템이 ③번 위치로 가면 획기적인 신개발품이 쏟아질 것이다. ⑤번 ⑩번의 배합이라 위험이 없다. 승승장구 할 것이다.

- 이를 세대차이라 할까 사장위치가 느린 곳이기 때문이다.
  또한 ⑩번은 老母의 성정이라 경륜은 높아 재정의 관리는 잘 될 것이나 새로운 발명 및 운영의 변화가 무기력하여 경영력이 부족한 자리다. 이때 서사택(西舍宅)인 ④번에 신세대의 경영자를 채용하여 앉히면 개발 및 색다른 변화가 올 것이다.

4) ④번 방향은 창조, 발명이 잘 되는 자리이며, 변화성이

있는 자리로 연구실, 전산실의 책임자를 배치하여도 좋다.

5) ⑨번 위치는 전무, 상무, 공장장 같은 사장님의 차직을 배치하면 좋으나, 본 회사를 위하여 충직한 자가 아니라면, 도리어 반파의 현상이나 허망한 일을 당할 수도 있다.

● 그러나 이상과 같은 배치에서 사장이 수시로 직원에게 선처, 배려를 잘하게 되면 사업의 발전이 안전하고 전망이 밝아진다. ⑨번의 개성이 너무 강하기 때문이다.

6) 이때 흉방인 동사택(東舍宅) ②번 중녀화(中女火)의 재궁에다 경리를 배치한다면 본 회사에 '일확천금'의 기회를 여러 번 얻을 것이다.

제 6 장

⑧번 門에 – 7개 방향 해설

(1) ⑧번 門 – ①번 主 = 인테리어 공식법

(2) ⑧번 門 – ②번 主 = 복가 배치의 길흉화복론

(3) ⑧번 門 – ③번 主 = 각 방향의 길흉 문답

(4) ⑧번 門 – [4]번 主 = 금극목 차 사고의 이치

(5) ⑧번 門 – [5]번 主 = 각 방향의 문답과 길흉론

(6) ⑧번 門 – [9]번 主 = 한의원의 길한 재배치

(7) ⑧번 門 – [9]번 主 = 길한 재배치

(8) ⑧번 門 – [10]번 主 = 소기업 공장 흉가배치

(1) ⑧번 門에 ①번 사장위치

★ 인테리어 공식법

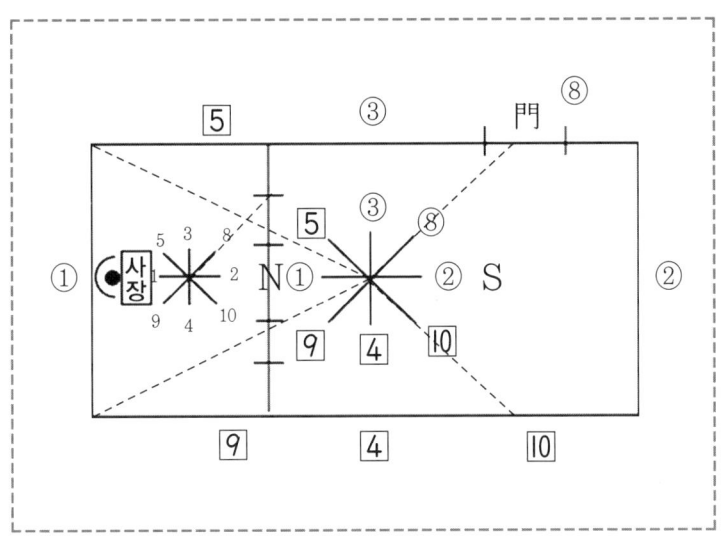

문 : 도형과 같이 사무실이 길게 생겨서 사장님 실을 별도의 칸막이를 하였을 때의 패철 위치는 어찌하는가?

답 : 해설

1) 그림과 같은 도형에서 패철을 두 곳에 모두 놓아야 할 곳이 있고 한 곳만 놓아도 되는 경우가 있다.

※ 공식

(제1) 종선의 길이보다 횡선의 거리가 배가 넘으면 자체의 '기두'가 두 곳이 되어 필히 칸막이를 해야한다.

  Ⓐ 총 중앙점에서 1차 패철을 고정하고 동, 서사택을 점고한다.
  Ⓑ 칸막이 한 중심점에서 2차 패철을 고정하고 1차, 2차가 모두 동, 서사택간 어느 한 쪽 사택으로 일치 구성한다.

(제2) 종선 보다 횡선이 배 길이가 안될 때는 패철 고정은 한 번으로 동, 서사택을 판별한다.

  이 그림은 종보다 횡이 배가 넘어 칸막이를 해야 하는 것이다.

● 1차 패철 고정에서 ⑧번 문으로 동사택 구성을 계획했다. 칸막이한 사장실이 ①번 방향에 가도록 하여 칸막이 공간도 동사택(東舍宅)에 위치하도록 하는 것이 인테리어의 정석이 된다.

★ 인테리어 공식법

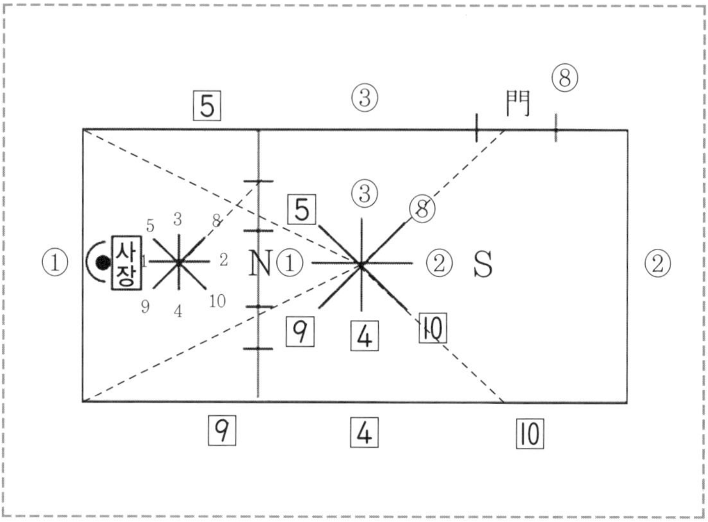

● 칸막이된 중심선상에 패철을 고정하고 ⑧번 문이니 동사택(東舍宅)을 꾸며 사장위치를 정해야 한다.

● 1차 패철 측정 때 ⑧번이 출입문이 되고, 칸막이 속에서도 사장자리가 ①번 위치이므로 이 사무실은 ①번 사장자리와 ⑧번 문으로 정상 배치가 된다. 만약 칸막이 속에서 ①번 사장자리와 [10]번 문을 한다면 다시 불배합(不配合) 사택(舍宅)이 되는 것이다.

● ①번과 ⑧번으로 배합구성이 되면 승승장구 할 수 있는 보장이 약속되나 업체에 따라 더 좋은 문과 사장자리를 찾는 것이 요구된다.

※ 단 관청사일 때는 자기가 근무하는 공간에서 문과 동, 서사택 배합을 마치고 길 방을 선택하면 진급출세는 물론 건강도 보장된다.

(2) 인테리어 공식법

★ 복가 배치에 길흉화복

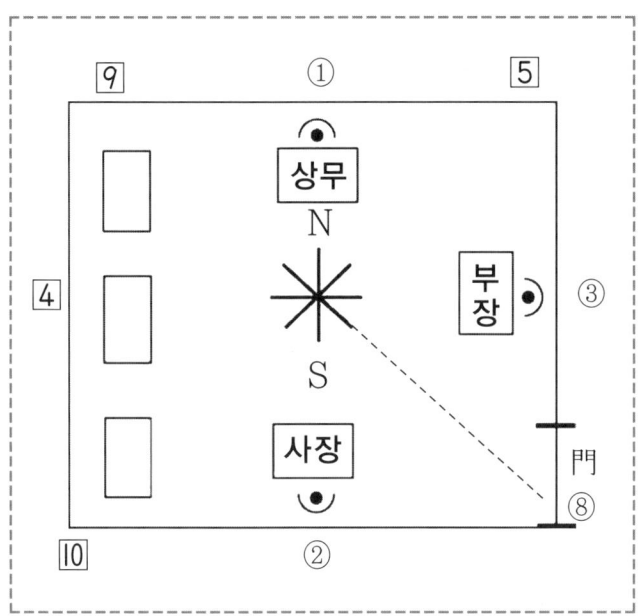

문 : 복가구성이 되면서도 달라지는 길흉의 이해
답 : 각 방향의 개성이 다르다.

1) 이에는 두 가지 중요한 원리가 있다. 우선 동, 서사택간
   에 복가구성이 되면 모든 사업을 막론하고 "잘 된다"라
   고 할 수 있고

2) 흉가배치가 되면 '매사불성이다' 라고 한다.

3) 다음으로 오행(五行:金木水火土)의 상생 상극의 원리로 길흉화복을 추리하는데 사업종목에 따라 이해가 많이 달라진다.

★ 길흉화복(吉凶禍福)

1) ⑧문(門)과 ②주(主:사장 위치)가 순음이라 발전은 크게 기대할 수 없으나 ⑧번 목(木)이 주(主)를 生하니 금전과 재산이 모인다.

2) 그러나 ①번 상무가 사장위치 ②번을 수극화(水克火)로 크게 극을 주게 되니 주인에게 (生)보다 더 큰 변화, 이득이 오는 게 오행의 이치다. 반면 상무자신은 사장으로부터 미움이 쌓여가는 격이다. ②번 재정에 극하는 관계이다.

3) 상무가 서운해서 변심하면 손해가 많으니 조심해야 한다. 사장이 사랑을 베푼다면 전화위복이 되어 크게 발전할 괘상이다.

※ ①번과 ②번은 같은 동사택인데 이렇듯 큰 차이가 나는

것은 ①번과 ②번의 수극화(水克火)는 잘 되면 크게 잘 되는 것으로 추리하고 안 되면 크게 안 되는 것으로 추리하는 게 자연의 법이요 오행작용의 뿌리이기도 하다.

4) 이 도형에서 흉한 쪽으로 말한 것은 ③번과 ④번 간에 사무실 거리가 길고 ①번과 ②번의 거리가 짧기 때문에 수극화(水克火)에 장해를 입게 되는데 이는 동사택(東舍宅) ①번과 ②번에서만이 생길 수 있는 이치라 하겠다.

★ 같은 그림 연결로 보기

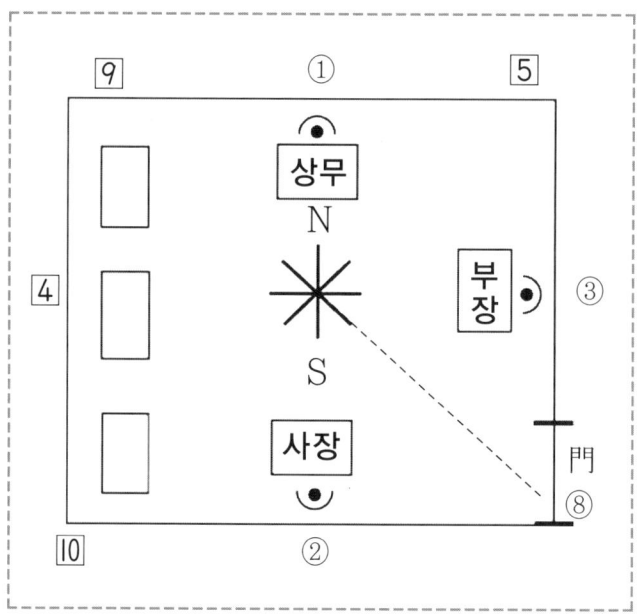

이와 같은 克을 면하자면 ①번과 ②번 사이에 여직원 한 사람을 배치한다면 이는 수극화(水克火)의 변을 면하고 크게 발전하는 계기가 될 수 있을 것이다.

또 ①번 ②번은 배합복가 구성이면서 가까이 대할 때는 水克火도 되지만, 자오상충(子午相沖)도 발동하게 된다. 이러한 이치를 면하는 길은 여러 가지가 있을 수 있다.

● 여자가 사장직책일 때 ②번 지점에 위치하고 남편이 회장 또는 그 회사에 고문 역할일 때 ①번 지점에 앉게 되면, 어느 회사를 막론하고 크게 발전할 수 있을 것이다.

● 또 상업을 하는 장소에서는 장사하는 물품을 ①번과 ②번 사이에 많이 적재하면 상업이 더욱 잘 되는 한편 수극화(水克火)의 화를 면할 수 있다. ③번 지점은 어느 한 직책만 계속 위치하면 전혀 발전이 없다. 동사택으로서는 길한 자리이니 자주 직원의 위치를 바꾸어 준다면 더욱 좋은 자리라 할 수 있다. 특히 외부 거래 책임자 같은 것.

5) ⑨, ④, ⑩번은 동사택(東舍宅)에 반해 흉방이 되는 것은 사실이나 동사택(東舍宅) 구성이 잘 되었을 때는 새로운 연구개발이 잘되는 이치가 생기는 곳이다. ⑨번은 공장장 위치가 최고이다. ④번은 실지 금전출납자의 자리가 좋은데 여사원이라면 수금이 잘 된다.

(3) ⑧번 門에 ③번 사장자리

☆ 각 방향의 길흉문답

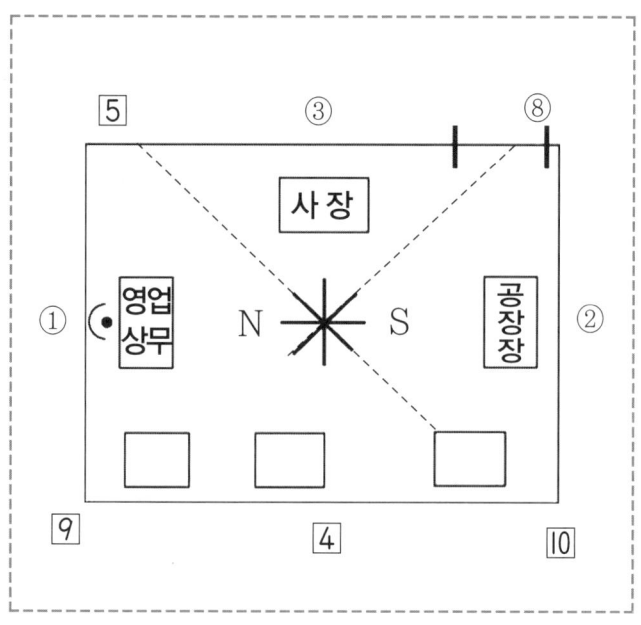

문 : 문호는 장녀목(長女木)이고 사장자리가 장남목(長男木)
으로 陰, 陽을 갖추어서 좋으나 오행(五行)(비화:같은
오행글자가 겹친 것)라 동사택(東舍宅) 구성의 개성이
약한 것으로 보는 것이다.

답 : 해설

1) 문과 주(主)의 위치가 '비화'이거나 오행(五行)이 안 맞아서 개성이 약한 것은 조화시킬 도리가 없다.

2) 또 문이 음이면서 사장위치가 양이 된 것도 차길이다. 가정집을 비롯해서 모든 문은 양이어야 발전이 크고 지속적인 성장이 있는 것으로 생각하면 된다.

3) 여기서 영업이나 사업을 번창시키려면 영업 상무를 ①번 위치에 배치하고 공장에 신개발 또는 능률적인 발전을 하자면 공장장을 ②번 위치에 배치해야 회사 전체가 발전될 것이다. 이와 같이 배치되면 ①번과 ②번의 수화상극의 해는 없다. 도형과 같이 사무실 구조가 ①번과 ②번 사이가 길 때는 융화가 잘 되어 갈 것이다.

● 연구하는 컴퓨터가 있다면 두 사람이 맡아야 하되 남자는 ⑨번에 위치하고 여자의 컴퓨터는 ④번이 좋다. 그러면, 타 공장에서 생각지도 못하는 아이디어 개발이 될 것이다.

● 단 ⑤번 자리에는 냉장고나 책장같은 것을 놓아서 사용하여야 한다.(그 곳은 흉(凶)방이니까.)
경리자리는 자동차 같은 큰 기계를 생산한다면 ⑩번 자리가 좋고 소품 공장이나 상업이라면 ②번 자리가 가장 좋은 자리다.

(4) ⑧번 門에 [4]번 사장자리

★ 金克木 … 차 사고의 이치

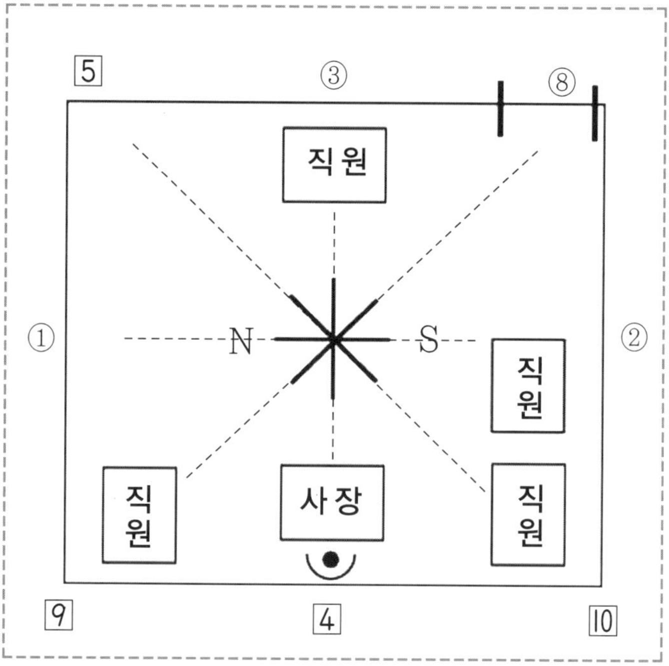

문 : ⑧번문에 [4]번 주인자리 흉가 배치가 되었다. 길흉은 어떤가요?

답 : 흉가 배치의 이해

1) 첫째, 동 · 서사택에 어긋나는 것이다. 이를 흉가배치 또는 오행(五行)에 불배합 사택이라 하여 잘못 배치가 된 것이다.

- 어느 사업이든 매사불성이다. 마침내는 파산을 면하기 어렵다. 어쨋든 오행 중에 가장 흉한 상극(相克)이 금극목(金克木)이다.

- 이때 경험에 의하면 [4]번인 소녀금(少女金) 자리에 앉아 [8]번 장녀목(長女木)을 바라보는 배치는 모두 파산 아니면 [8]번에 앉은 사람이 비명횡사하는 것을 여러 번 경험했다.

- 물론 명동같이 환경이 좋아 장사가 잘 되더라도 큰 돈을 모았다가 집에 가서 파산을 하는 등 사고가 많았다는 것을 저자는 분명히 말할 수 있다.

★ 같은 그림 연결로 보기

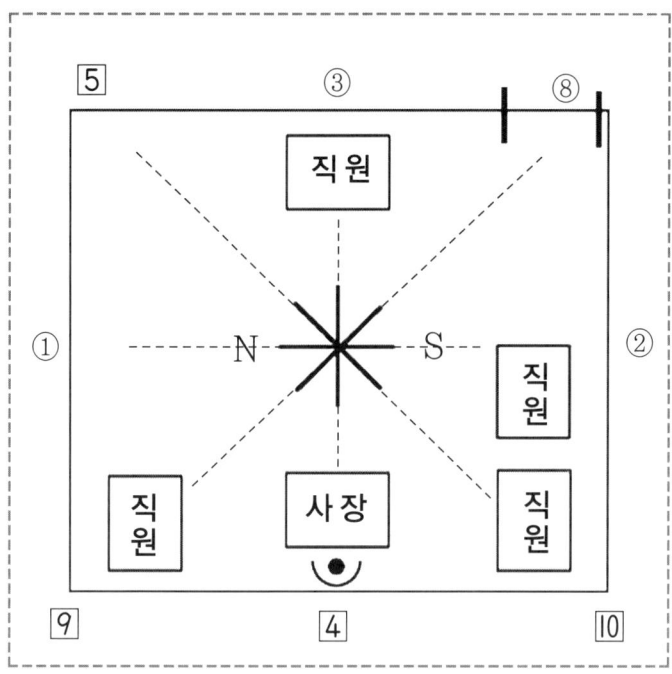

★ 금극목(金克木)은 차사고의 이치(理致)가 많다.

2) 옛 고서(古書)에 금극목(金克木)은 이금치사(以金致死) 라 하였다. 해석해 보면 쇠붙이로 인하여 죽음을 당한다 는 말이다. 그러니 쇠붙이로 다치는 일이 종종 생긴다. 심하면 죽음에까지 이르게 된다고 생각해야 될 것이다. (차사고가 많으니까)

3) 동사택(東舍宅), 서사택(西舍宅) 방호가 혼합 되어 각 방향 직원들의 길흉화복(吉凶禍福)의 상생(相生)이나 상극(相克)도 모두 상극으로 추리하는 것이 오행(五行)의 원리라 할 수 있다.

※ 오행(五行)의 추리

- ②번 직원은 화(火)에 위치했으니 문 ⑧번 목(木)을 극한다. 물건을 판매하는 곳이라면 흥정이 깨지는데 주인이 객을 물리치는 격이다.

- [10]번은 목극토(木克土) 흉가의 추리로 처음 5년을 生하다 그 후 더 크게 파격이 된다.

- [9]번 직원은 ⑧번 문과는 금극목 상극이다. 내(內)쪽에서 외(外)를 극하니 사업에 있어 상대를 쇠붙이로 때려 버리는 격이 된다.

(5) ⑧번 門에 [5]번 사장자리

☆ 각 방향의 문답과 길흉론

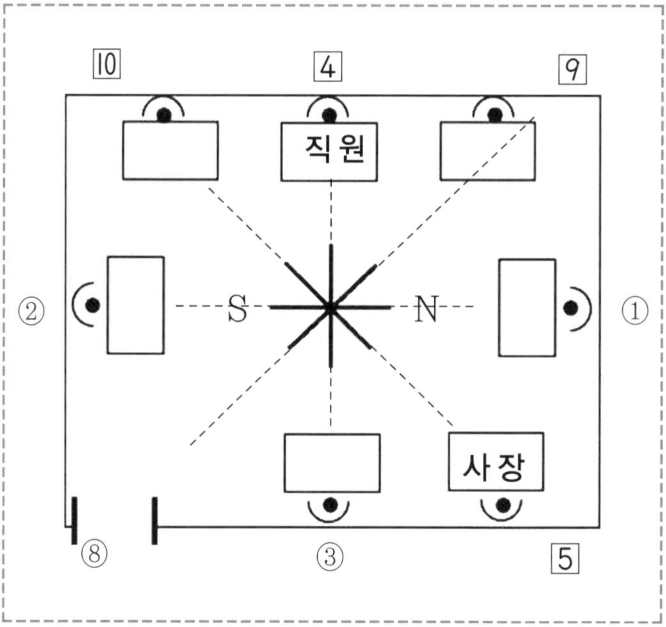

문 : 각 방위별로 길흉화복 보는 법을 설명해 주시오.

답 : 길흉화복

1) 본 도형은 ⑧번 문에 [5]번 주인자리로 불 배합되었다.

2) 문(門)과 주(主)로서 화복을 논하는 것은 그 사무실에 매어 있는 모든 사업체의 길흉(吉凶)이 모두 추리가 된다.

즉 주인의 가정사에 까지 해당 되는 것이다.

문 : 사장은 가정집도 있고 회사 사무실도 있을 때 길흉화복(吉凶禍福)의 비중은 어느 쪽이 더 클까요?

답 : 살림을 하는 보금자리인 가정주택의 비중이 더 크다. 가정이 근본이 되는 자리이기도 하다. 온 가족과 함께 가정이 이루어지는 자리, 하루 노동의 피로를 수면으로 풀어야 하는 곳이며, 음식으로 영양을 보급 받는 자리이므로 정신적 건강의 원천이 모두 가정집 길흉(吉凶)에 있으니 인생(人生)의 출세, 행운(幸運)같은 근본은 가옥 구조에서 받는다.

● 그래서 인생의 운명, 8자도 가정주택이 복가 배치가 되어야 좋은 운명을 타고날 수 있다는 것을 우리는 명심해야 할 것이다

★ 길흉화복론
● 사무실이 복가일 때는 8괘의 모든 괘상을 길(吉)한 편으로 추리하고

● 흉가(凶家) 배치가 되었을 때는 상생(相生)도 불길한 것으로 추리하는 것이다.

● ⑧번 문은 장녀목(長女木)의 성정이고 사장 위치는 [5]번 소남토(少男土)의 성정이다. 동서사택의 불 배합 된 것은 매사불성이라 추리된다.

● 굳이 길한 것을 찾아 말하자면 문(門)은 음(陰)의 방향이고 주인자리가 소남(少男)으로 양(陽)에 속하여 음양(陰陽)의 배합(配合)으로 사업에 많은 변화와 번영을 말할 수 있다.

★ **같은 그림 연결로 보기**

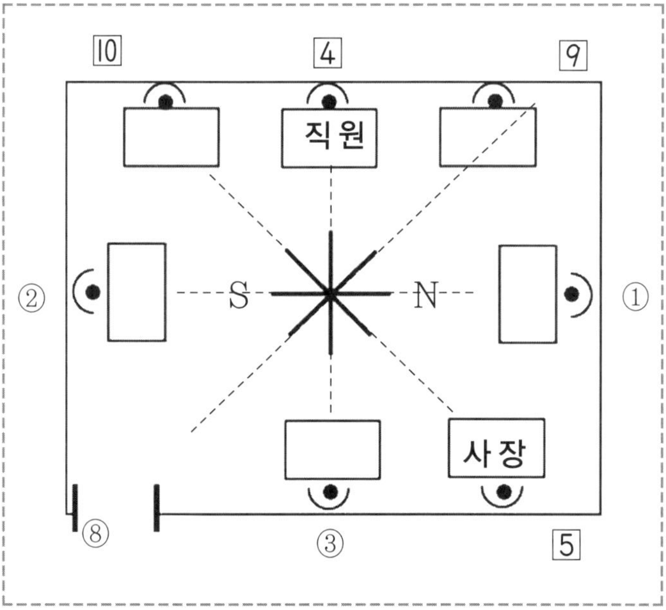

● 그러나 근본이 불 배합이니 크게 이루어질 수는 없는 것이다. 또 문의 목(木)이 주인 토(土)를 극하는 것은 사업에 정신 차리게 깨우쳐 주는 뜻도 되지만 불길하게 추리하면 외부의 거래 업체가 모두 주인을 극하여 영업상대가 파괴되는 의미도 내포하고 있다.

● ⑧번 문에 ①,②,③번은 동사택(東舍宅) 제 짝이라 좋은 추리를 해야 되나 근본 배치 즉 ⑧과 [5]로 흉한 배치가 되었을 때는 각 방향의 개성이 약화되어 상생되는 것도 불길하게 추리해야 한다. 따라서 서사택중에 [4], [9], [10]번도 불길하게 추리되는 것이다.

● 단 사업체를 처음 시작하거나 이사한 후 처음 3년 간은 길(吉)한 것으로 풀이되며, 3년이 지나 5년이 되면 그 사무실 배치 성정에 따라 오행(五行), 상생(相生), 상극(相克)의 이치로 추리함이 정확할 것이다.

(6) ⑧번 門에 [9]번 주인자리

☆ 한의원의 吉한 배치

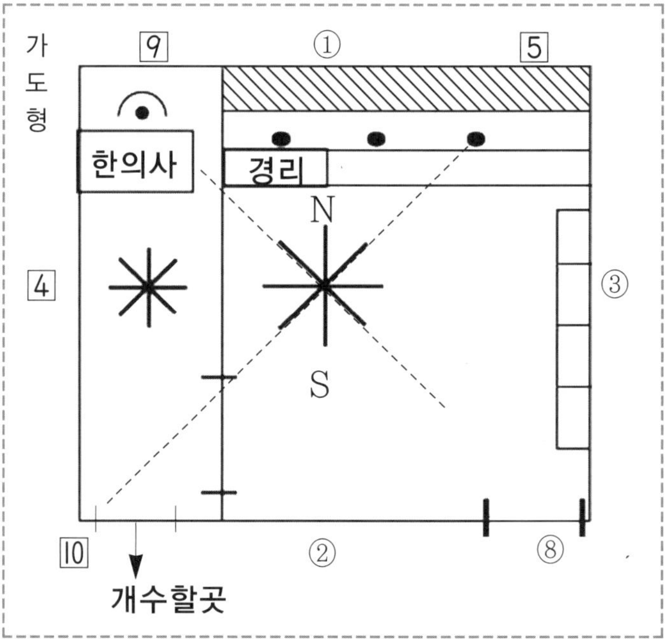

★ 한의원의 구조 배치

문 : 한의원에 약을 제조하는 곳과 진찰실 중 어디를 주(主)의 위치로 하는가요?

답 : 중요한 곳을 순서적으로 답해 보면

1) 어느 업체이든 주인의 위치가 제1이다. 한의사 진찰실이 기두가 된다.

- 둘째는 경리 위치가 된다.
- 셋째는 약장 앞에 서 있는 약사의 위치가 되겠다.
- 넷째는 손님 대기실이 중요하다. "용을 넣어 비싼 약을 한제 먹어" … "아니야" … "싼 것으로 우선해" … 하는 곳이니까요.

2) [8]번 문에 [9]번 의사실은 불배합 중에도 가장 흉한 배치에 속한다. 오행(五行)에 금극목(金克木)이 되었기 때문이다.

- 그것도 의사실을 [4], [9]번의 쌍금이 큰목 목(木)을 자극해 오는 손님을 쫓는 격이 되어 영업 자체가 고전하며, 오래가면 의술로 인한 인사 사고가 있을 수도 있다.
- 한의원의 생명력인 약장 장소가 다행히도 문과 배합되는 [1]번 방향을 차지했다. 문을 수생목(水生木)하는 이치이니 약의 효과로 치료는 빠를 것이다.
- 약 팔고 돈 받는 자리도 [1]번 방향이라 이익이 많이 남는 보약 거래가 잘되어 수입이 많을 괘이다. 의사실만 개수하여 재배치한다면 길한 복가배치가 될 수 있다.

3) 風水 인테리어를 아는 주인이라면 [10]번 방향으로 문(門)을 개수한다면 제일 좋은 한의원이 될 것이다.

(7) ⑧번 門에 [9]번 주인자리

★ 길한 재배치

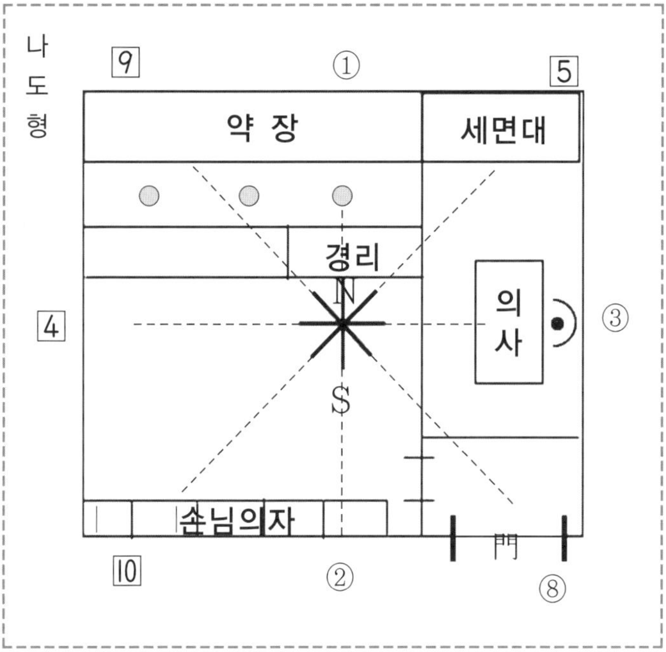

문 : 이 인테리어에서 길흉은 어떠할까요?

답 : 이해 해설

1) 복가(福家)배치가 되었으니 승승장구로 영업이 잘 되는 것으로 풀이 된다.

2) 의사의 진찰실이 ③번에 책상을 배치함으로 복가배치가 되었다. 약장배치와 경리자리는 종전과 같으니 같은 동사택(東舍宅) 방호가 되어 더욱 길괘(吉卦)이다.

3) (가)도형과 같으나 주인인 의사가 ③번에 앉아 문(門)과 복가 배치가 되었으니 한의사의 영업이 몇 배 더 잘 될 것으로 약속 된다.

● 여기서 더 세밀이 본다면 ③번의 장남목(長男木)과 대문인 장녀목(長女木)으로 제짝을 만남이 좋고 문과 음양(陰陽)이 배합된 것이 더욱 영업의 번창이 음양(陰陽) 배합에서 이루어진다.
문도 목(木)이고 의사자리도 목(木)이 될 때 원래 같은 글자의 오행(五行)은 상생만 못한 변화이다. 그러나 이곳 한의원 같은 곳은 오히려 더 좋을지 모른다. 목은 한없이 자라고 크는 성정이니 한약의 보약치료에 유리한 괘상이 된 것으로 보아야 한다.

(8) ⑧번 門에 [10]번 사장자리

★ 소기업 공장 흉가 배치

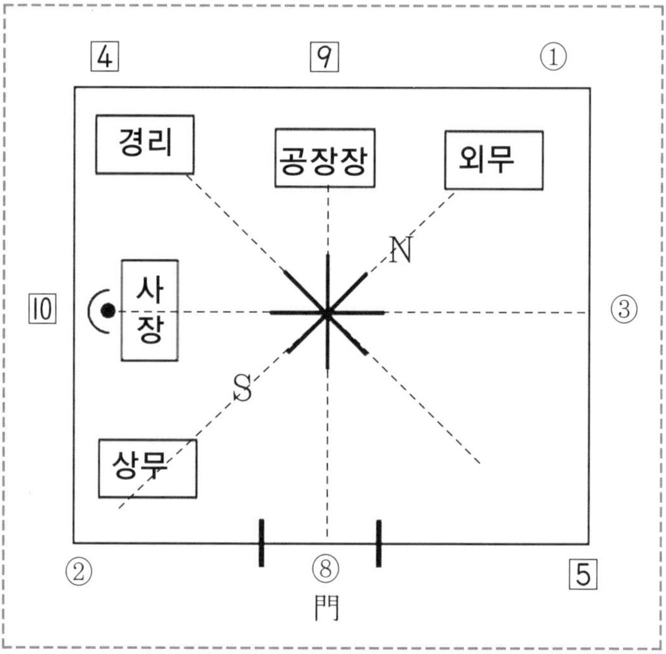

★ 소기업 공장

문 : ⑧번 門과 [10]번의 만남은 잘못된 배치인데 어떠한 길흉(吉凶)의 추리법이 되는가요?

답 : 추리법의 길흉하복

1) 문방호와 사장자리가 동사택(東舍宅), 서사택(西舍宅)이 만난 것은 불배합, 매사불성이라 한다.

2) 대문 장녀목(長女木)에다 주인자리 노모토(老母土)의 만남은 양쪽이 모두 음에 속하여 공장사업에 전혀 발전이 없는 것으로 본다. 그러나 음(陰)은 재궁(財宮)으로 보는 것이라 금전소통은 원활할 것이다.

● 오행(五行)으로는 문방호가 목(木)이고 사장자리인 토(土)를 극(克)하는 이치가 되니 처음은 극의 힘을 입어 반짝하는 기세가 있으나(신장 개업시의 주인이 하고자 하는 열의에 극이 변하여 특이한 길한 이치로 변복 한다)

2) 토(土)의 5 수리로 5년 간은 공장이 잘될 것이다. 그 다음은 극(克)과 살(殺)로 변하여 고전을 면치 못할 것이다.

3) [9]번 공장장 방위는 건(乾)괘라 공장운영이 잘 되고 제품도 우수하게 향상되나 문 ⑧번과 금극목(金克木)하는 이치로 사장에게는 별 도움을 주지 못한다.

4) [4]경리 자리는 재력(財力) 흡수에 강한 자리다. 금전순환이 잘 되고 공장제품을 사고자 하는 손님을 하나도 놓치지 않고 거래가 이루어질 수 있는 경리자리나 문 방향

과 상극되어 벌어들이는 돈이 다 소비되는 괘상으로 보아야 한다.

5) ①번 외무사원은 북방 수(水)의 이치로 사업 거래인을 많이 포섭해 오게 되며, 본 공장의 현상유지를 시킬 수 있으나 그것도 3·8 수리에 끝난다.(즉 3년 8개월 또는 3년, 8년 같은 추리가 된다)

※ 같은 그림 연결로 보기

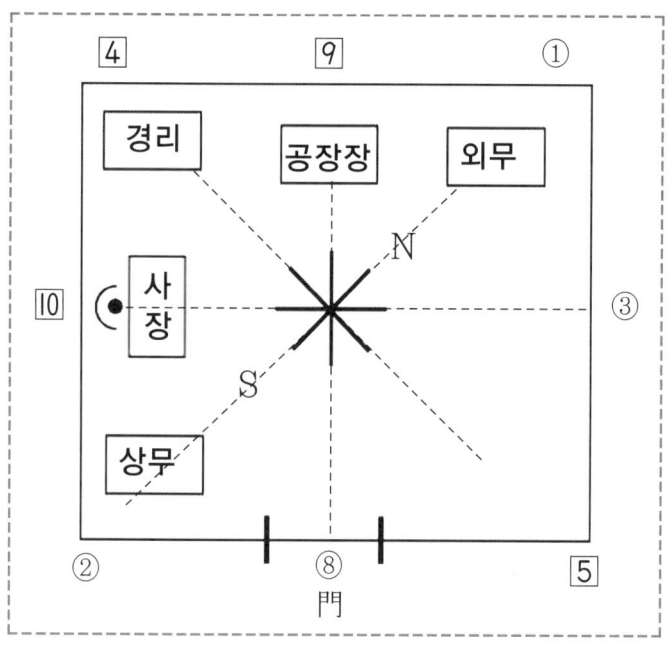

● ①번 중남이 ⑧번의 올드미스를 연애하는 격이니 크게 기쁜 괘상이다. 역시 회사운영도 이와 같은 기쁨으로 추리하는 것이다. 그래서 외무가 잘될 것이다.

● 또 수생목(水生木)이라는 것을 추리해 보면 좌에서 문을 생하는 것이니 외부 거래처를 많이 생하여 확보하는 이치라 운영관계가 잘되는 것으로 보는 것이다.

6) ③번에 배치된 외무사원은 장남목(長男木)으로 양의 방향이라 활동이 활발하고 '문'과 배합이니 거래마다 성공할 것이다. ③ 번도 '목'이고 '문'도 '목'이니 다 木木 비화는 특이한 이득이 생긴다고 추리한다.

● ②번에 상무는 중녀화(中女火) 자리에 위치했다. 행동이 느리게 움직이지만 거금의 거래를 터서 연속으로 벌어들이기도 하고 게으름을 피기도 하나 상무자리로서는 적격의 위치다. 장차는 거액으로 본회사가 번창할 것이니 속히 배합의 인테리어가 시급하다.(주인자리를 재배치한다.)

(9) ⑧번 門에 [10]번 사장자리

★ 길한 개수 재배치

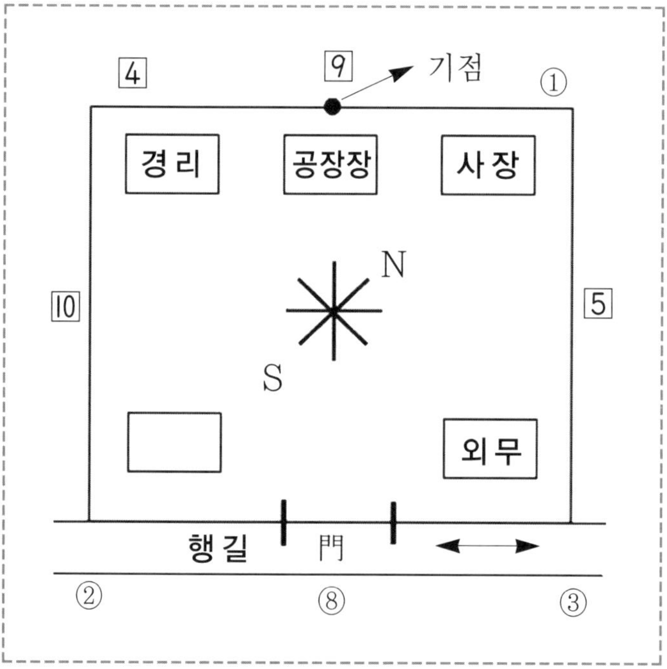

★ 주인의 사옥일 경우

1) 개수의 예 - 본 도형이 단독 건물로서 건물 주인이 사장이라면 건물에서 기두점(起頭点)을 찾아 동서사택을 꾸미는 것이 원칙이다.

2) 다시 말하면 [9]번 기점이니 본 건물은 서사택에 해당된다. ⑧번 대문을 [5]번에 새로 옮기면 서사택 복가로 변한다.

3) [9]번 지점이 건물의 기두 지점이니 만약 [10]번 문을 낸다면 서사택에서는 제일 개성이 강한 복가 구성이 될 것이다.

● [9]번 주(主)에 [10]번 문(門)에서는 대개 출마, 고시패스, 거부들이 날 수 있고

● 적게 보아도 사업이면 승승장구로 영업발전이 세계화로 갈 것이다.

● 그러나 임대한 점포에서는 '문'을 이리저리 옮길 수가 없다. 그래서 주인자리로서 기두점을 하고 문과 동. 서사택의 복가 구성을 한다.

● 본 도형은 ⑧번 동사택문이다. 사장위치를 ①번 위치에 배치하는 것이 ⑧번 문에 격이 맞는 것이다. 즉 복가 인테리어가 된다는 뜻이다.

● 오행(五行)으로는 수생목(水生木)의 이치가 되고 중남(中男)이 장녀(長女) 즉, 노처녀와 중년 신사가 재결합하

는 이치의 기쁨이니 무엇에 비할 바 없는 즐거움이다.
이리되면 크게 사업이 번창할 것으로 기대된다.

● 9번 공장장은 공장경영에 한치도 소홀함이 없이 운영도 되고 사장을 돕게 되며, 신개발 상품에도 타 공장에서 생각지도 못할 신개발 품을 생산한다.

● 4번 경리자리가 참으로 잘 배치되었다. 8괘에서 볼 때 이 자리의 별호가 미인, 여우, 기생 자리라 한다. 그런 곳에 경리 아가씨가 앉아 있다면 모든 거래처의 금전거래는 잘될 터이고 수금도 잘될 것이다.

제 7 장

[9]번 門에 – 7개 방향 해설

(1) [9]번 門 – ①번 主 = 흉가 각 번호별 이해론

(2) [9]번 門 – ②번 主 = 주인의 바른 위치는 어디?

(3) [9]번 門 – ③번 主 = 복가 배치의 정법

(4) [9]번 門 – [4] 번 主 = 학원 건물의 인테리어

(5) [9]번 門 – [5] 번 主 = 한의원의 기본 배치법

(6) [9]번 門 – ⑧번 主 = 소기업 사장자리 배치법

(7) [9]번 門 – [10] 번 主 = 대기업으로 진출하는 배치법

(8) [9]번 門 – [10] 번 主 = 한의원 길한 배치법

(1) ⑨번 門에 ①번 사장자리

★ 흉가 배치에 각 번호별 이해론

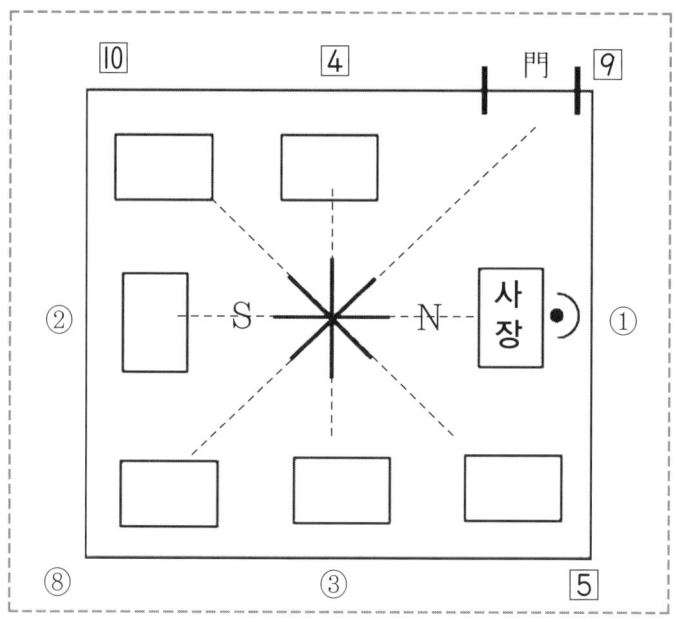

문 : 각 방향별 이해가 되는 길흉화복(吉凶禍福)을 말해 주세요.

답 : 길흉론 해설

1) 어느 회사(會社)나 공장, 도매상 사업이든 간에 회사 사무실 출입문과 사장위치에 길, 흉배치에 따라 흥망성쇠가 모두 매여 있는 것이다.

2) ⑨번 문에 ①번 사장실은 우선 동·서사택이 합쳐 불배합 되었다. 불배합이란 상극살(相克殺)이란 뜻이다. 그러니 회사의 사업이 매사불성이 될 것이다.

3) 가정집 같으면 주인이 젊더라도 중풍병에 걸려서 가세가 기울어질 괘상이다. 불배합(不配合)인데다 금생수(金生水)하는 이치는 수(水)가 즉, 신장(腎臟)이 생(生)만을 많이 받아 실증이 되어 콩팥병으로 중풍이 되는 것이다

4) ⑤번에 직원이 위치 한다면 문과는 배합이나 사장자리와는 불배합이니 문과 토생금(土生金)하는 이치로 처음은 순양(純陽)이라 불티나게 잘 되다 다시 순양인 관계로 4, 9 수리로 4년 9개월이 지나면 본 회사를 배신할 것이다.

5) ③번에 어느 직원이 위치하더라도 하는 일마다 그릇 되게 변한다. 오행(五行)으로 금극목(金克木)을 당하는 이치로 그러하다.

※ 같은 그림 연결로 보기

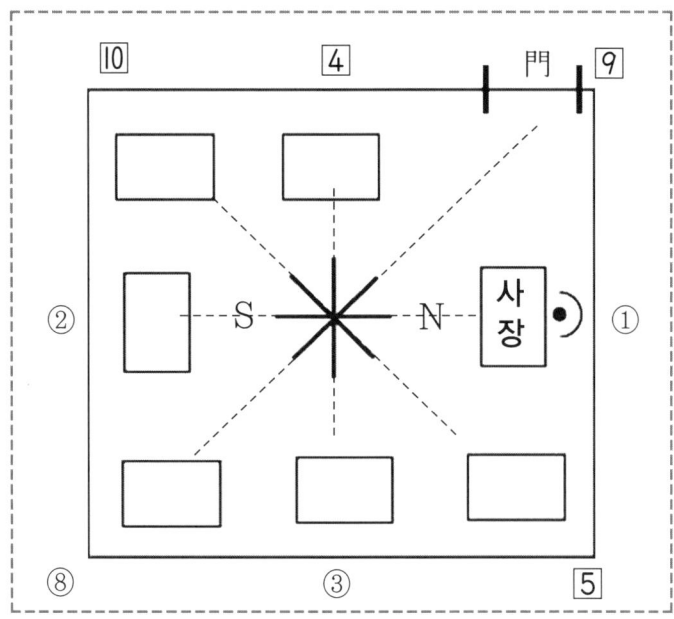

● 또 동·서사택에 불배합이 되어 6개월 미만의 회사에서 스스로 사퇴하게 되어 있으나 끝까지 버티다가 쇠붙이에 다쳐서 사퇴하게 된다.

● ⑧번도 ③번과 같이 되는 노릇이 없다. 음의 방향이라 느긋이 버티다가 화병이 생기게 된다. (정신질환 같은 것) 직원도 좋은 곳에 앉아야 발전 또는 진급이 빠르다.

5) ②번은 中女火라 문방호의 노부금(老父金)을 극한다. 또 ②번은 강한 재궁이라 처음에는 회사에 많은 재산을 벌게 하다 끝내는 횡령하거나 그렇지 않으면 재산으로 인한 파격을 당하게 될 것이다.

6) ⑩번은 큰 재궁이다. ⑨번 문과 음양배합(陰陽配合)의 제짝이라 처음 5년 간은 큰 재산을 벌게 하다가 다시 5년이 지나서 큰 사업을 하면 크게 성공하고 소품이나 규모가 적은 사업이면 현상유지에서 끝난다.

7) ④번은 少女金이다. ①번 中男水와는 상생이니 그나마 이 회사는 ④번의 도움을 받아 현상유지를 할지 모르나 오래되면 적으로 변할 것이니 사장위치를 東·西舍宅으로 배합하도록 해야 크게 발전할 것이다.

(2) 9번 門에 ②번 의사 위치

★ 주인의 치과병원 바른 위치는 어디?
　가 도형

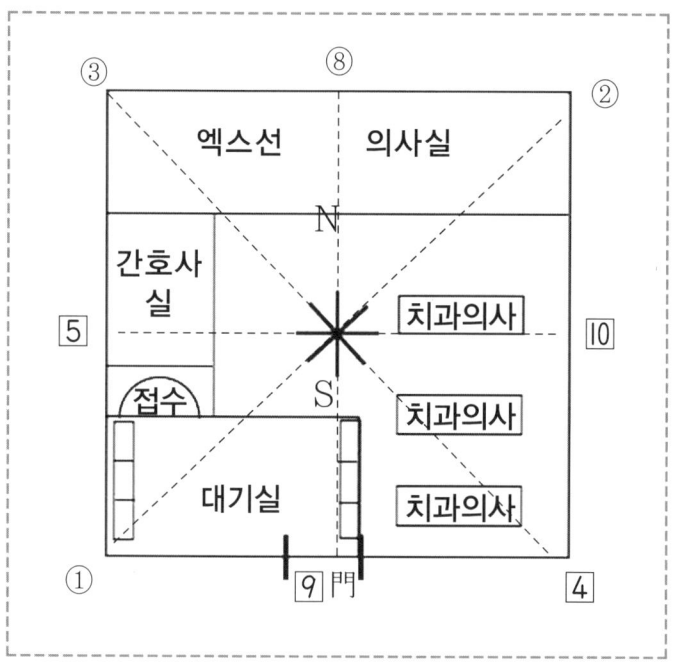

문 : 9번문에 ②번 의사 전용실을 꾸며 불배합 되었으나 치과 의사는 의자에서 환자와 하루 일과를 마치게 되는데 이럴 때 '치과' 대 '의사 전용실' 중 어느 위치를 주(主) 위치 로 보아야 하나요?

답 : 어쨌든 의사 전용실이 주인자리가 된다.

1) 다른 업체와 달리 보아서는 안 된다. ⑨번과 ②번의 만남은 불배합 매사불성을 면할 길이 없다.

2) 단 치과의 자리를 길(吉)방향으로 설치하는 방편이 있다.

3) 또 그 치과업체가 명동같은 곳이라면 손님이 많아 돈을 벌더라도 금전 실패를 면할 길 없고 내(內:의사위치)에서 외(外:대문 위치)를 화극금(火克金)으로 극하는 것은 즉 손님이 오는 것을 방해하는 이치도 되고 또는 치료하다 손님을 다치게 하여 관제 구설도 날 수 있다.

★ 길흉화복

● ⑩번과 ④번 사이에 치과 의자가 있는 것은 길한 배치가 되었다. ⑩번과 ④, ⑨번을 토생금(土生金)하게 되니 이곳에 와서 치료받다가 사고 나는 일은 없었을 것이다.

● ①번 선을 건물 모퉁이로 빠져 힘을 못 쓰게 하였고 돈 받는 귀중한 접수대가 ⑤번 선에 가까이 하였으니 이 업체로서는 고급품질의 운영 치과 사업이 되겠다.

- ③번 선에 엑스레이실을 한 것은 정상 배치다. 엑스레이로 인한 치료 및 고급치아 주문도 많아 질 것이다.

- 이 업소는 주인인 치과의사 전용실만 이동 배치하는 것이 좋다.

★ 같은 그림 연결로 보기

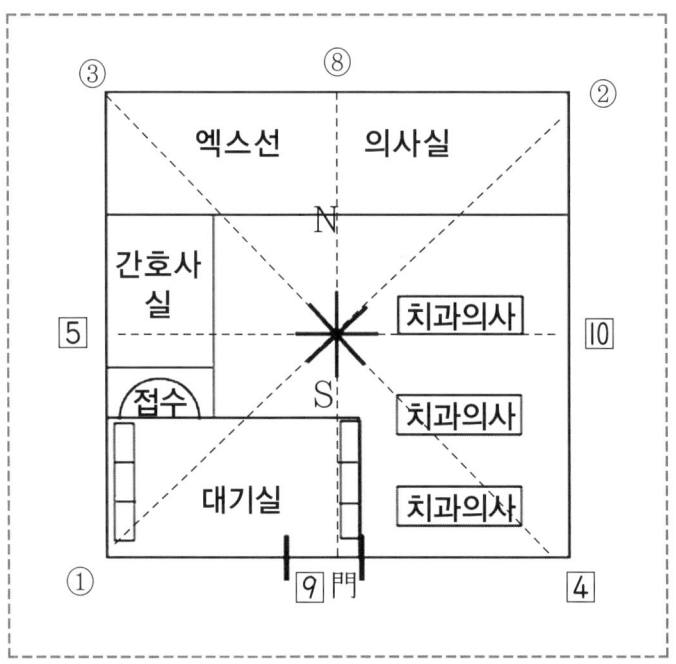

1) ⑨번 문에는 ⑩번 방향이 주인자리로 제짝이 되나 이 도형에서는 구도가 나오지 않아 ④번에 주인자리를 했다.

2) 주인자리가 ④번이 된 것은 손님을 상대로 말한다면 '미인계'를 쓰는 현상이 되어 손님이 많이 모이고 문이 ⑨번 고급치과 사업이 되어 많은 돈을 벌게 된다.

3) ⑨번 門과 ④번 주인자리에서는 노인이 기생을 만나는 괘상(卦象)이 되어 돈이 잘 들어와 호화판이 될 우려가 있으니 정신 차리지 않으면 많은 금전이 물거품 신세가 될 우려가 있다.

● 처음부터 돈이 생겨 은행적금 부동산에 투자 해두어야 할 것이다.

(3) ⑨번 門에 ③번 사장위치

★ 복가 배치의 정법

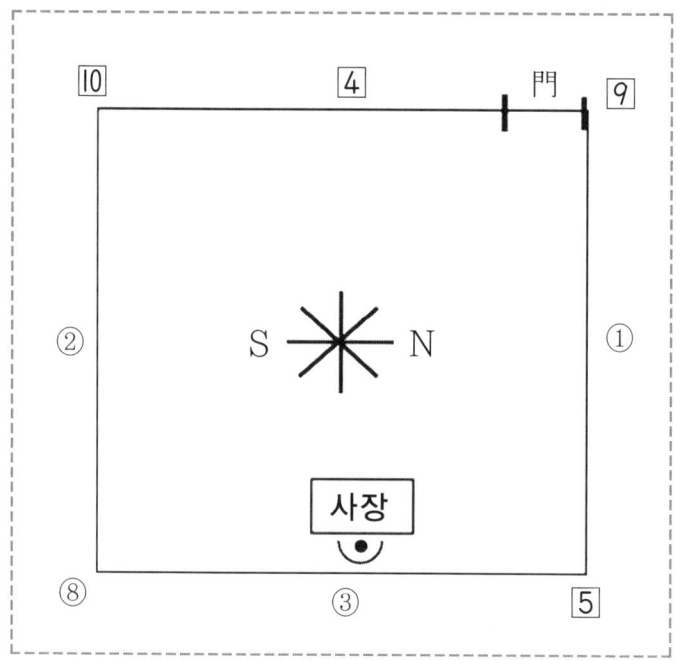

문 : 위대한 ⑨번 건(乾)방향 대문인데 씩씩한 長男 ③번 묘
(卯)방향에 사장자리를 한다면 기발한 사업운영이 될
것 같은 배치 방법 같은데 어떠할까요?

답 : 복가 배치의 재교육

1) 그것은 바로 사장이 죽게 되는 자리가 된다. 그것도 쌍금(雙金:쇠)에 충살(沖殺)을 맞아서 쇠붙이로 인해 죽게 된다는 이치에 해당되는 자리다.

2) 지난 신문에 당나귀 사장이 자택이 쌍금이 극하는 집을 짓자 4년 만에 고속도로에서 차 사고로 즉사했다는 것도 보았지만 그 외에도 차 사고로 억울하게 죽는 이치가 우리가 사는 가옥의 불균형으로 살(殺)을 맞아 당하는 예도 많았다.

● 사장이 되자면 사주팔자(四柱八字)도 높은 인격일 터인데 풍수자연을 도외시하다 비명에 가다니 알기 쉬운 풍수(風水) 인테리어 공식을 좀 알아야 할 것이다.

● 동, 서사택(東西舍宅)의 제 짝 번호로 문과 사장 자리만으로도 흉가배치나 복가 배치가 되는 것이다.

※ 같은 그림 연결로 보기

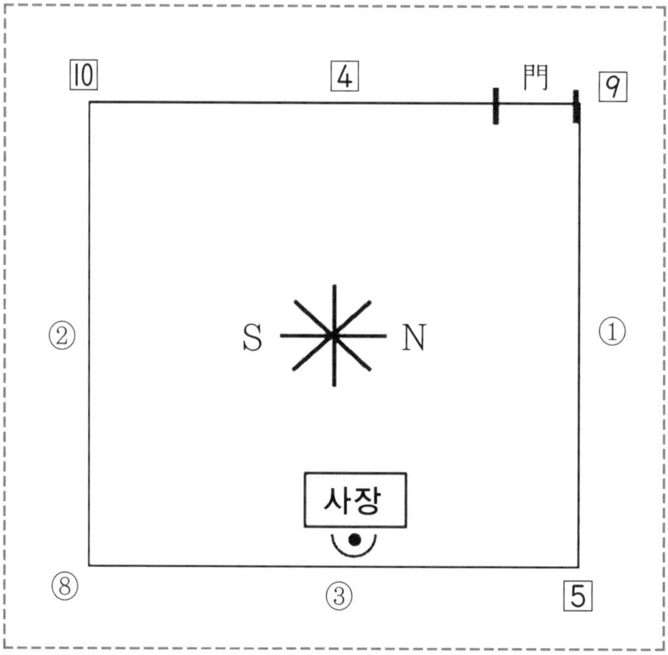

※ [4], [5], [9], [10]번은 서사택으로 한 짝이다. 대문과 사장자리가 이 4개 방위에서 서로 만나야 복가(福家)이고

● ①, ②, ③, ⑧번은 동사택(東舍宅)의 한 짝이 된다. 대문과 사장자리가 4개 번호 방위에서 서로 한 짝이 되어야 복가가 된다.

● 만약 서사택 번호가 동사택 번호로 섞여서 대문과 사장 위치가 설치된다면 그것이 흉가(凶家)가 되는 것이다.

● 우선 번호의 글자 테두리가 다르니 선별하기가 쉽다.
　④ = 4각 안에 글자는 … 서사택(西舍宅)
　① = 동그라미 안에 글자는 … 동사택(東舍宅) 이다

(4) ⑨번 門에 ④번 사무실

★ 학원건물의 인테리어

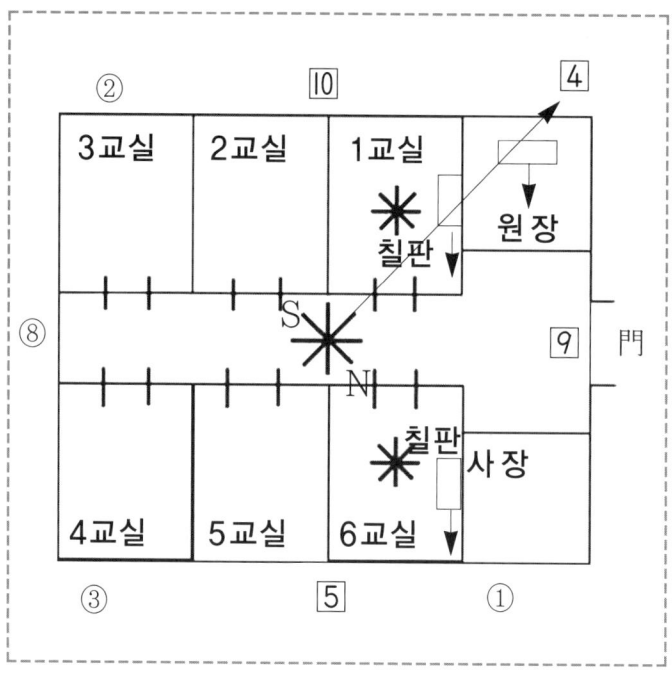

문 : 빌딩 3층 한간을 모두 임대하여 학원을 차렸는데 복잡한 각 교실마다 어떠한 기준으로 보는지요?

답 : 이해 해설

● 첫째 : 대문과 - 원장 위치로 본다.

● 둘째 : 각 교실은 - 칠판 위치와 출입문 위치를 본다.

● 사무실 위치

● 각 교실의 칠판위치의 배치방법을 알려 주시오.

1) 이 학원을 패철로 보면 ⑨번 문에 ④번 사무실로 西舍宅 구성에 陰·陽 배합까지 되어 있으니 현상유지는 되나 교실마다 칠판 배치를 배합 사택 구성으로 잘 배치해 놓으면 성공할 것이다.

★ 같은 그림 연결로 보기

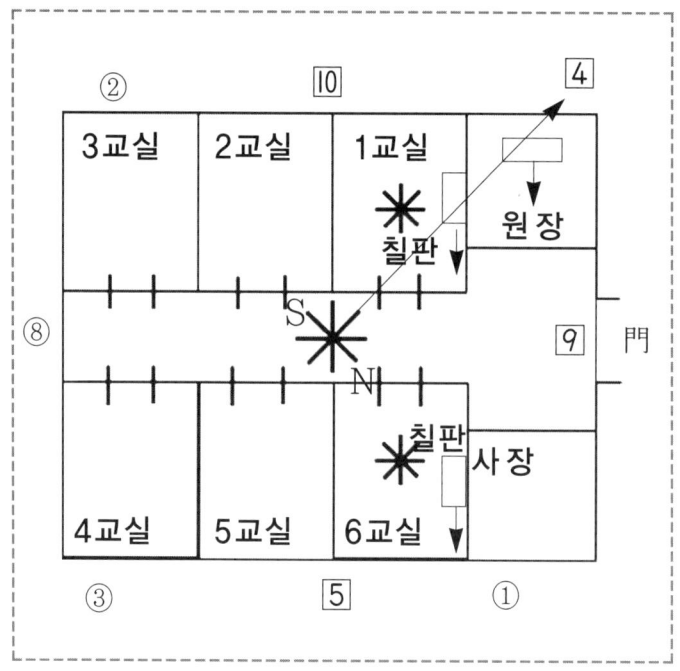

문 : ④번 사무실에도 원장자리를 길(吉)한 방향으로 찾아
놓아야 하는가.

답 : 그럴 것 없다. 8괘로 나누어진 공간에서 서사택(西舍
宅)인 ④번 방위에 위치한 것으로써 충분하다.

● 그러나 각 교실은 모두 각각 패철을 놓고 칠판자리를 선정해야 될 것이다.

● 1교실 … ⑤번 출입문이니 칠판자리는 ⑨번으로 하면 학생이 많이 모이고 선생은 일류 실력자의 선생이 선택되며 그 과목에 발전이 많은 대신 일류학교에 진학률이 많을 것이다.

● 다음 2, 3교실은 1교실과 동일하다.

● 6교실 … 출입문이 ⑩번이다. ⑨번에 칠판을 하면 교육률은 높아지나 매학기마다 정원이 부족할 터이니 주인에게는 많은 손해이다. 만약 칠판을 ⑤번 방향에 위치한다면 학기마다 정원초과가 너무 심하여 걱정이 되나 반대로 교육률이 낮아져서 성적미달로 일류대학은 바라볼 수가 없게 된다.

● 그래도 ⑨번 칠판을 하고 오래가면 명성이 크게 높아져서 학생이 늦게 많아질 것이 약속되고 장안에 제일 좋은 일류 학원으로 소문이 날 것이다.

★ 같은 그림 연결로 보기

학원 인테리어

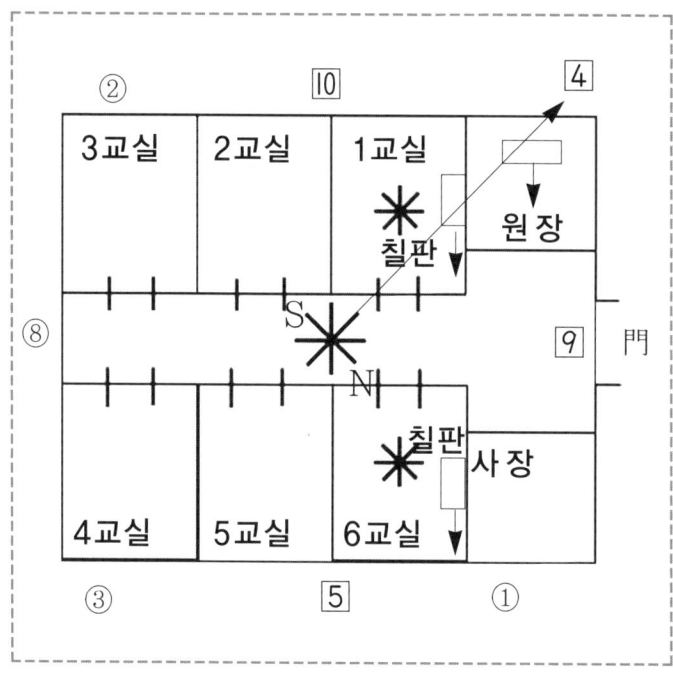

- 첫째 – 일류 학원이 되는 것은 ⑨번 칠판 방향에 이치가 있고

- 둘째 – 학원 출입문 방향이 ⑨번이라 머리 좋은 학생만 몰려오게 되며 학원을 빛나게 해주는 성정이다.
- 셋째 – 원장 위치 ④번 방향이 재의 흡수력이 강하여 큰

재산을 모을 것이나 쓰임새가 많아진다.

● 넷째 – 원장 위치가 4번 방향의 미녀, 기생의 성정이라 학생수가 10배로 늘더라도 현 학원 자리를 본부로 한다면 승승장구로 할 것이 약속된다.

(5) ⑨번 門에 ⑤번 사장자리

★ 한의원의 길한 배치법

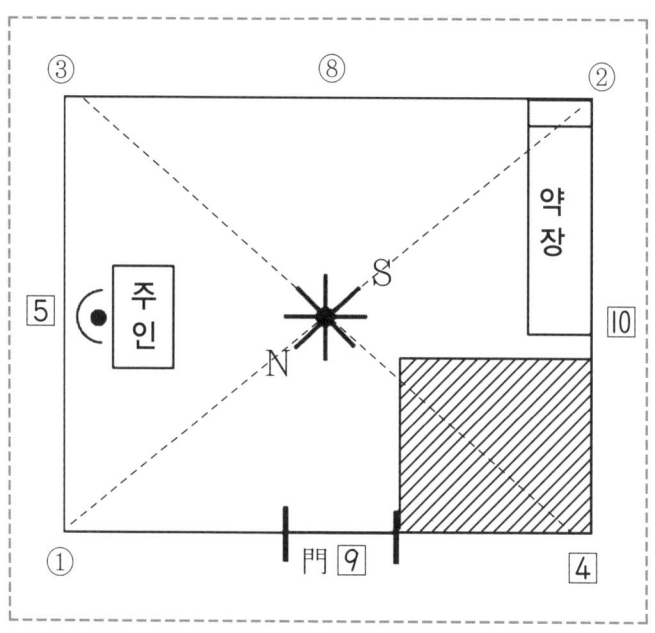

문 : 한의원을 하려고 임대한 공간인데 그림과 같이 한쪽귀가 없는 공간의 패철 위치는?

답 : 패철의 정위치

1) ④번 방향에 귀가 없어진 곳에 '1차' 점선을 그어 정사각형을 만들고 보면 선 패철 위치를 알게 된다.

● "2차" 점선을 긋고 보면 패철 위치의 정확한 기점이 생긴다.

2) 패철을 놓고 8방위 8괘를 점고 해보니 ⑨번 서사택(西舍宅) 방위에 출입문이 있다. 출입문을 중심으로 서사택(西舍宅)을 꾸미는 것이 배합된 복가의 정석(定石)이다.

3) 다음은 서사택(西舍宅) 구조의 배치인데 이 공간에 왕(旺)한곳과 허(虛한)곳을 가려본다. ⑤번 방향이 넓고 왕하니 한의사의 위치를 ⑤번에 배치한다.

★ 같은 그림 연결로 보기

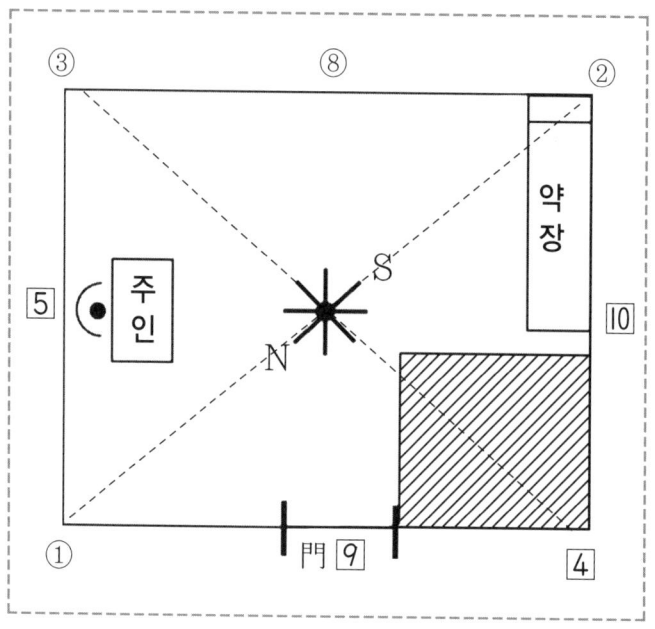

4) ⑤번 토(土)가 대문 ⑨번 금(金)을 도생금으로 손님을 영접하는 격이니 진찰받을 손님이 자주 들어와서 줄을 서야할 지경이 되는 이치다.

● 거기다 ⑨번 문방위는 크고 위대한 괘상이니 오는 손님마다 인삼 녹용만 찾는 위대한 손님을 맞아 4, 9수리로 큰 부자가 되겠다.

● 다음은 약장을 놓고 약을 짓는 곳을 ⑩번 방향에 한다면 한번 찾아 온 손님이 귀 한약방의 따뜻한 온정을 느끼게 되어 다른 친구까지 같이 오게 되는 단골손님이 많아지게 된다. ⑩번 방향은 온화하고 정이 많으며 신뢰도가 높다.

● 여기서 아쉬운 것은 ④번 방향이 사용할 수 없이 결하여 서사택의 4방위 중 ④번 방위를 쓰지 못하고 3개 방향만 배치된 것이다.

● 이때에는 서사택(西舍宅)의 반대쪽 동사택(東舍宅) 4개 방위를 모두 사용하면 안 된다.
2개 방위는 경리 혹은 컴퓨터 진단실로 사용하고 남아 있는 2개 방위는 손 씻는 곳, 냉장고, 커피 끓이는 곳, 약 다리는 곳으로 사용한다면 크게 성공할 것이다.

(6) [9]번 門에 ⑧번 주인자리

★ 소기업 사장 자리 배치법

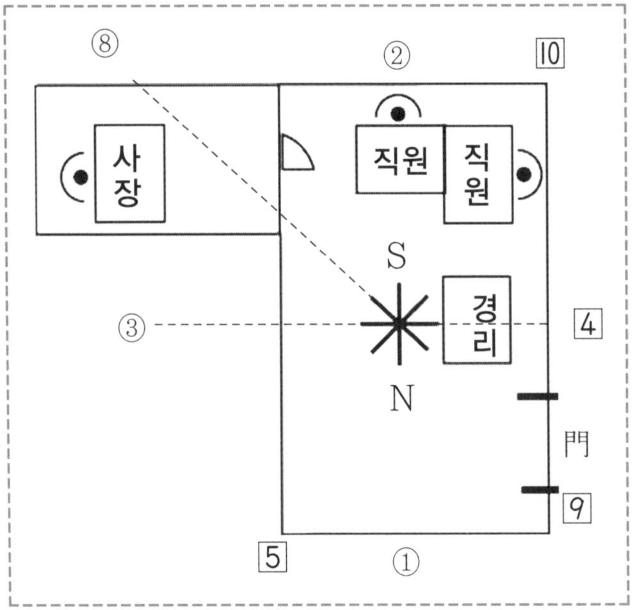

문 : 위 도형과 같은 사무실 형태와 배치에 길흉방법을 알려 주시오.

답 : 보는 순서

1) 사무실이나 또는 매점 같은 곳을 감정하는 데 우선 형태의 균형부터 보고 다음이 패철 측정이다.

본 도형을 보면 폭과 길이가 3:4의 사각형으로 가장 좋은 형태로 보이나 패철 ⑧번 방향에 혹이 달린 형상이다. 이렇게 되면 도리어 본체에는 흠이 되어 길한 형태가 실격이 되었다.

- 다음은 형태로서 배치를 본다면 사장 자리가 혹 같이 달려 있는 죽은 자리에 있으니 사장의 권위를 상실하고 사업경영은 거꾸로 가게 되는 형태이다.

- 사무실이나 점포는 출입구 방향을 중심으로 동,서사택에 맞도록 구분하고 사장자리 배치로서 배합(配合)사택을 꾸미는 것이다.

[9]번이 출입문이니 서사택에 해당하는데 ⑧번 동사택(東舍宅) 방향에다 사장 위치를 정하였으니 불배합 배치 또는 흉가배치가 되었다.

불배합에 길흉을 말한다면 매사불성이라 하는 것이고 심하면 관재, 재패, 질병들이 생길 수 있다.

2) 문과 사장자리는 금극목(金克木)이니 외부에서 내를 극하면 도적이 들거나 사기를 당한다. 또 내를 극하는 것은 손님이 적어진다.

※ 같은 그림 연결로 보기

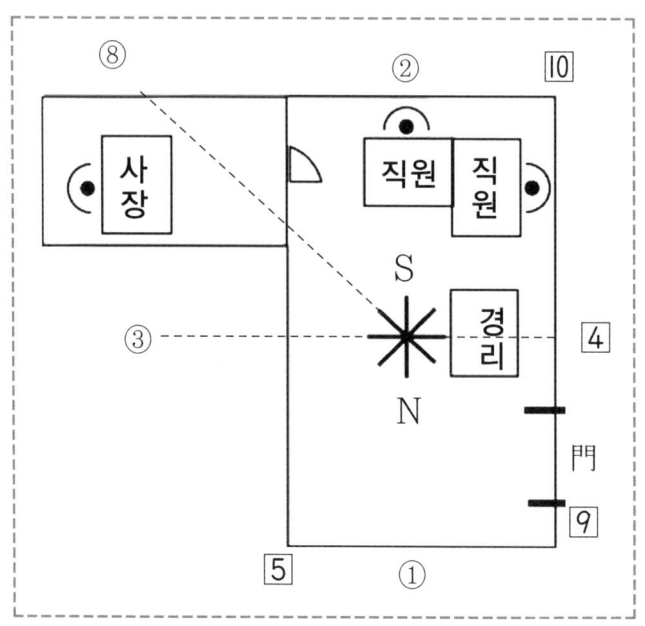

3) ②번 직원자리는 중녀화(中女火)라 문의 금을 화극금(火克金)하니 오는 손님을 내쫓는 이치가 된다.

4) 10번 직원자리는 문과 짝이 되는 격이라 오행수리로 토생금(土生金)이니 금의 수리 (4, 9), 4년 간은 많은 도움을 받을 수 있고 4년이 지나면 극에 부딪치게 된다. 이는 흉가배치가 되어 있기 때문이다.

5) ④번 경리자리는 문과 배합이니 경리자리로서는 가장 적합하다.

● 재물 들어오는 것이 빠르고 거래처 손님이 왔을 때 경리의 재물 흡수력으로 끌어서 모두 거래가 성립되고 생각지도 않았던 손님이 오게 되는 힘을 가진 자리가 ④번 자리다.

★ 재배치의 정석

1) ⑨번 문에는 ⑩번 방향이 제짝인 배합(配合)이다. 서사택(西舍宅) 구성에는 제일 좋은 배치가 되는 것이다. 거기다 문방호 ⑨번이 양(陽)이 되어 사업발전에 더욱더 힘이 있어 좋은 것이다.

● 업체 규모가 클 때는 - ⑨번 문에 ⑩번 사장자리가 되어야 경영이 안정이 되어 발전한다.

● 소기업체라면 도리어 소리만 요란하고 실속이 없는 운영이 된다.

2) ④번은 소녀금(少女金)이니 경리자리로서는 가장 적합하다. 비유해 말하자면 기생집과 같아서 손님이 많이 오고 거래도 잘 이루어질 것으로 추리된다.

※ 같은 그림 연결로 보기

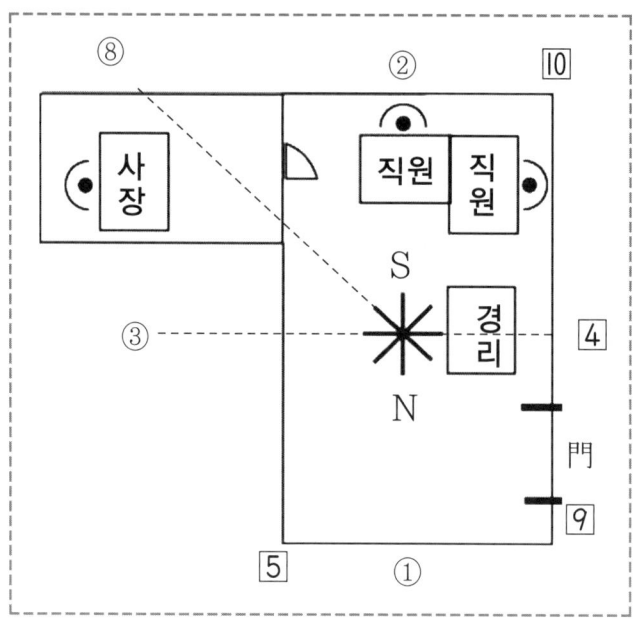

● 대기업이면 현금 출납하는 곳 – 직책자는 미인의 여인 일수록 좋다.

● 소기업이면 경리에 아가씨를 채용할 것.

3) 5번 위치는 소남토(少男土)이다. 양에 속하니 외무사원 자리를 하면 활동이 빠르고 토생금(土生金)하는 이치로 사업경영에 많은 발전이 될 것이다.

- ⑧번 방향에 혹같이 나온 곳은 창고로 배치하여 ⑧번에 힘을 약화시키고 ①②③번 방향은 직원자리로 사용해도 좋다. 특히 칸을 막아야 회사에 귀(貴)한 효과가 발휘한다.

- ②번 자리는 재궁(財宮)으로 한없이 큰 자리다. 큰 물건 취급 공장 또는 사업체가 대규모일 때는 ②번 자리보다 더 좋은 자리는 없다.
- 경영도 크게 빨리 되고 재(財)의 흡수도 더욱 틀림없이 되고 빠르다. (이 곳은 도깨비가 음 양으로 변괴를 하는 자리이니까요.)

★ 같은 그림 연결로 보기

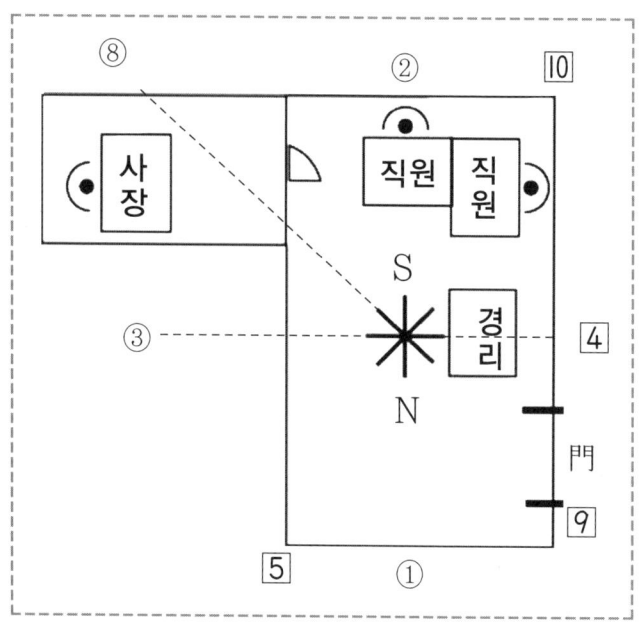

문 : 서사택(西舍宅) 구성에 ④번 경리자리와 그리 좋다는 흉방인 ②번 경리자리를 비교해 알고 싶다.

답 : ⑨번이 출입문으로 서사택(西舍宅)구성이 잘 된 상태에서 본다면…

● ④번 경리자리는 우선 서사택(西舍宅)구성이 강한 효과를 줄 수 있는 장점이 있고

- 둘째는 미인계 격으로 교재, 거래입금(入金)력 재(財)의 흡수력 수금 등이 속히 이루어지나 단점은 적은 재산의 흡수력이니 중소기업의 경리자리로서 적합하다.

- 또 주의할 것은 돈이 잘 들어와 회사 내가 호화판이 되어 회사의 기본 재산으로 정립하는데 무력하게 된다.
  이는 사장이 정신 차려 돈이 들어오는 데로 자물쇠로 잠그지 않으면 허사이다. 은행거래와 부동산으로 재산을 잠궈라.
  ②번 경리자리는 금전에 변동이 심하다. 회사 규모가 크거나 아주 작아도 잘 되는 자리다. 특이한 이치는 회사가 점차 발전해 나가는 데는 ②번 경리자리 아니고서는 대기업으로 변할 수 없다. 그런데 대기업 정상에 서게 되었다라고 할 때 그대로 진행하면 재산파동에 우려가 있다. 이는 ②번의 변화조화이니 안정 되는 방향을 찾아 정돈을 다시 해야 할 것이다.

문 : 안정 되는 곳은 어느 방향인가요?
답 : ⑨번 문(門)일 때는 ⑩번 방향이 된다.

문 : ⑩번 방향에 사장 위치를 옮기고 경리자리를 하는가요?
답 : 아니다. 10번에 사장위치는 변동하지 말고 ⑩번 방향의 선을 잡아서 경리자리를 하라는 것이다.

(7) 9번 門에 10번 사장자리

☆ 대기업으로 진출하는 배치법

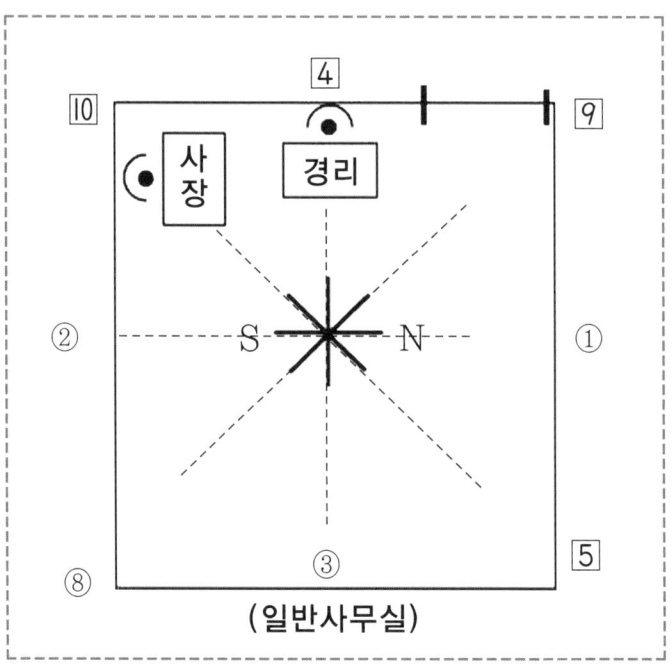

문 : 9번 문(門)일 때는 10번 방향의 복가배치의 길흉은?

답 : 대기업으로 발전할 것이 약속 된다.

1) 대기업의 사무실이 요구된다. 요즘 국제화 시대에 세계를 상대로 하는 사업이면 더욱 좋은 대문이라 할 수 있다. 크게 성공할 수 있는 대문방호와 주인자리이다.

● 이상과 같은 좋은 대문방호에다 사장 또는 회장의 책상자리를 좋은 자리로 맞춰 배치하는 것이 가장 중요하다. 업종이나 기업의 규모도 참작해야 하나 ⑨번 문(門)에 짝이 만족될 자리는 ⑩번 방향이다.

● ⑩번은 재궁(財宮)으로서는 8괘중 가장 큰 자리이다. 한 나라의 재정을 몽땅 실어도 기운이 남는 재궁(財宮)이라 할 수 있다. 대기업으로 발돋움할 때는 반드시 ⑨번 대문과 10번 자리에 주인이 차지해야 세계를 무대로 할 수 있다.

★ 같은 그림 연결로 보기

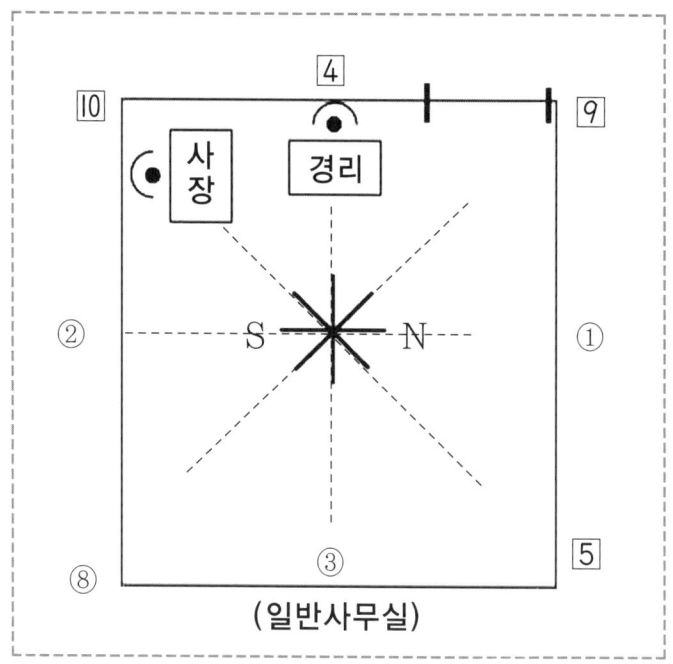

2) 여기서 ④번에 여비서나 여자 경리를 앉힌다면 더욱 금상첨화(錦上添花)일 것이다. 아무리 똑똑한 '바이어'라도 득을 보러 왔다가 몽땅 털어놓고 가는 격이 될 것이다.

※ 주의할 것은 ⑤번 방향은 길방이나 소기업일 때는 외무담당자의 길방이 되고 대기업일 때는 사용하지 않는 것이 유리하다.

3) 회사 사무실이나 건물이 천평만평(千坪萬坪)이 되지 않더라도 중앙에 패철을 놓고 회장실, 사장, 전무, 상무, 경리실을 그 길할 방향에 배치하면 된다. 작은 사무실이라도 국제적으로 큰 회사가 될 수 있다.

문 : 서사택(西舍宅) 구성이 되었으면 동사택(東舍宅) 방향을 모두 사용하면 안되나요?

답 : 서사택(西舍宅)이 완전 구성되면 동사택(東舍宅)은 흉(凶)방 혹은 살방이기도 하다. 그래서 그 흉방의 4개 방향을 모두 사용하면 재앙이 생기는 것이다. 그 중 2개 내지 3개 방향만 사용한다. 때로는 기적이 와서 횡재수도 생길 수 있으니까.

(8) ⑨번 門에 ⑩번 원장자리

☆ 학원의 길한 배치법

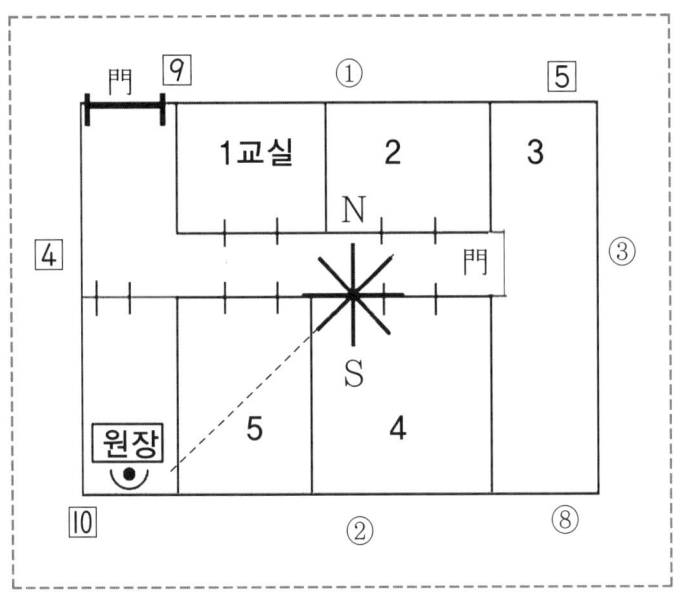

★ 학원배치법

문 : 성공하는 교실과 사무실 배치법의 요령은?
답 : 본 건물의 구조가 잘 되어 있다. 동·서사택의 배치만 잘하면 성공할 자리다. 우선 출입문 방향이 건괘(乾卦)라 더욱 좋다.

1) 門방향이 ⑨번이니 양(陽)방향이라 학생이 많이 모여와서 좋고 乾卦라 더욱 좋은 배치가 되겠다. 우선 ⑩번 방향에 원장실을 하는 것은 최고의 음양(陰·陽)배합의 길한 배합 사택(舍宅)이 되어 크게 성공할 것이 곧 눈앞에 보이는 괘이다.

● 더 말한다면 이 학원을 나오면 일류대학의 합격률이 많아질 것이다. 이는 문 방향과 원장실과의 배합이 높은 괘상이기 때문이라 추정된다.

2) ⑩번 원장실은 ⑩번 선이 지나가는 위치에 원장의 의자가 놓아야 한다. (허술히 생각할 것이 아니다.)

● 왜냐하면 사무실 중앙으로 10번 방향선이 지나가면 어디에다 원장 책상을 놓아도 ⑩번이 되나 ④번과 혼합되어 있기 때문에 ⑩번의 기(氣)를 받아야 한다.

3) 3교실은 ⑤번쪽에 칠판을 설치하고 중학생 교실로 적합하다. ④번 문에 ⑤번 선생위치가 된 것은 소남(少男) 소녀(少女)의 만남으로 참으로 기쁜 자리라 많은 학생이 모여들어 즐거운 교육과정에 성적이 눈에 띄게 높아질 것이고

4) 본 학원에서 고등학교 과정까지 진학하는 학생은 운이 있는 편이라 서울대학도 무난히 합격할 것이다.(3번 교실은 패철을 안 놓고도 더 좋게 배합이 맞는다)

5) 1, 2, 4, 5교실은 패철을 놓으나 안 놓으나 마찬가지다. ①②의 방향이니까 3번 교실에 비하면 차격이나 자오(子午)로 되었다는 것이 길한 격이다. 말할 나위 없이 1, 2교실은 ①번 방향에 칠판을 설치하면 자오상충(子午相沖)격으로 교육진도가 많은 변화로 높이 올라 갈 것이다.

속담에 망해가는 집을 사지 말라 했듯이 학원도 부자 되는 학원을 지원해야 큰 발전의 운을 받을 수 있다.

제 8 장

[10]번 門에 – 7개 방향 해설

(1) 10번 門 – ①번 主 = 소규모 의원 배치

(2) 10번 門 – ①번 主 = 길한 재배치

(3) 10번 門 – ②번 主 = 흉가 구조

(4) 10번 門 – ②번 主 = 복가 배치의 요령

(5) 10번 門 – ③번 主 = 흉가 배치를 길한 배치로 개수

(6) 10번 門 – [4]번 主 = 건물의 흉상

(7) 10번 門 – [5]번 主 = 복가 배치, 각 방향 길흉론

(8) 10번 門 – [8]번 主 = 이비인후과 배치의 요령

(9) 10번 門 – [9]번 主 = 복가 배치의 길흉론

(1) ⑩번 門에 ①번 주인자리

★ 소규모 의원 배치

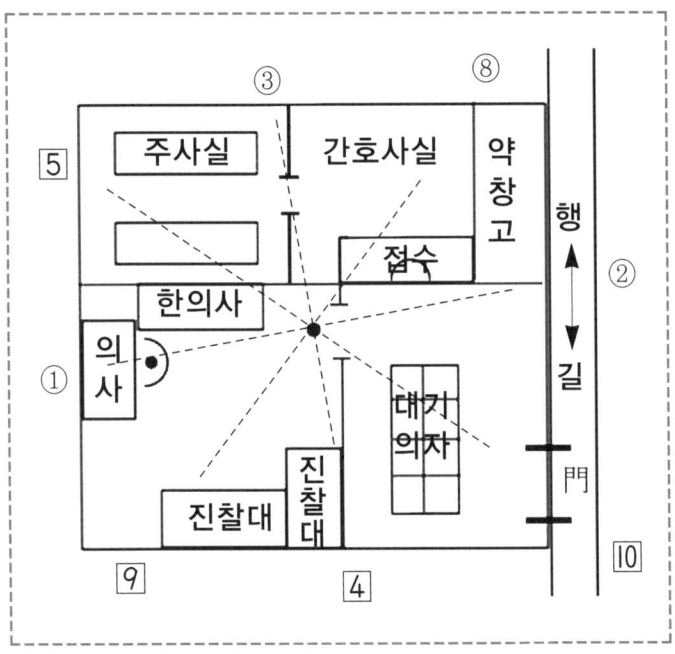

문 : ⑩번 문에 ①번 주인자리는 흉가 배치인 데 이곳은 소규모의 의원(醫院)이다. 엑스레이, 주사실, 진찰실 등을 갖추고 보니 좋은 치료와 안전을 위한 재 배치법을 알려 주시오.

답 : 재 배치법

　10번 문에 ①번 주인이 되는 의사의 자리는 양택 공식에 흉한 배치의 불배합이니 모두 매사불성이다.

1) 주인은 운영상 고전을 면할 수 없다. 심각한 것은 환자를 고치는 직업이니 안전 치료가 문제이다. 이대로 오래가면 인사 사고로 관재, 파산을 면하기 어렵다.

● 주인이 되는 의사의 사주(四柱)에 대운이 들어와도 별수 없이 망하는 것을 경험하게 된 바가 많다.

2) 이상과 같이 병원구조가 좋을 때 8괘의 동, 서사택을 가려 배합 되도록 의사 즉 주인 자리만 제대로 배치한다면 더 없이 큰 발전을 할 것이다.

(2) ⑩번 門에 ①번 주인자리

☆ 길한 재배치

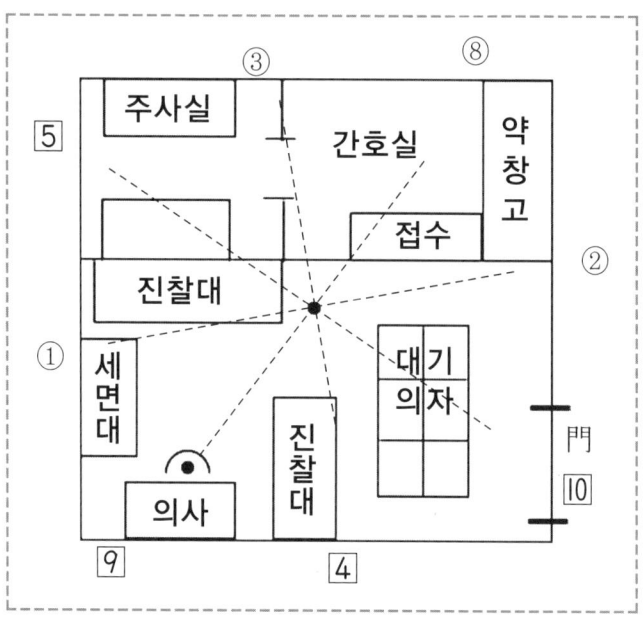

★ 의원의 배치법

1) ⑩번 방향이 출입문이니 이 가상(家相)은 서사택(西舍宅)이 된다.

● 이럴 때는 '문'을 중심으로 서사택(西舍宅)을 꾸미면 복가 배치가 되는 것이다.

- 복가 배치를 만들 때는 이 집의 주인인 의사 선생만 ⑨번 자리에 옮기면 복가 배치가 된다.

2) 의사가 먼저 위치했던 ①번은 서사택에서 볼 때 제일 나쁜 흉방이니 진찰하고 손 씻는 곳를 설치하여서 ①번의 강하고 흉한 방호의 힘을 설기 하였으니 서사택(西舍宅) 배치 구성이 더욱 강해지는 것이다.

- 東,西舍宅간에 강한 구성이 되어야 발복도 강해지는 것이다. (즉, 부자가 빠르고 크게 된다 는 뜻.)

3) 주사실은 제자리를 찾았다. ⑤번은 서사택 방위면서 '少男土'로 빠르게 소생하는 자리에 주사실이 되었으니 이곳에서 주사를 맞으면 회복이 빠른 법이다. 주사 한 대로 병을 다 고친다고 소문이 날 것이다.(⑤번은 그래서 생방(生方)이라 한다)

문 : 만약 ①번에 의사선생이 앉아있을 때는 어떻겠는가?

답 : 그야 불배합(不配合) 사택이니 회복이 늦는 것은 물론 잘못하면 쇼크 같은 불행도 일어날 수 있다.

- 경험으로 보면 흉방에 수술실을 하면 수술이 잘 못 되어

인사 사고로 관재가 자주나서 문을 닫는 사례를 볼 수 있었다.

1) 대기실이 ⑩번 방향은 환자 손님이 미여질 정도로 밀려 들 것이다. ⑩번은 어머니 같이 인정 있고 따뜻한 방호이니 아픈 사람이 이 병원을 찾게 되고 치료도 잘 된다.

★ 같은 그림 연결로 보기

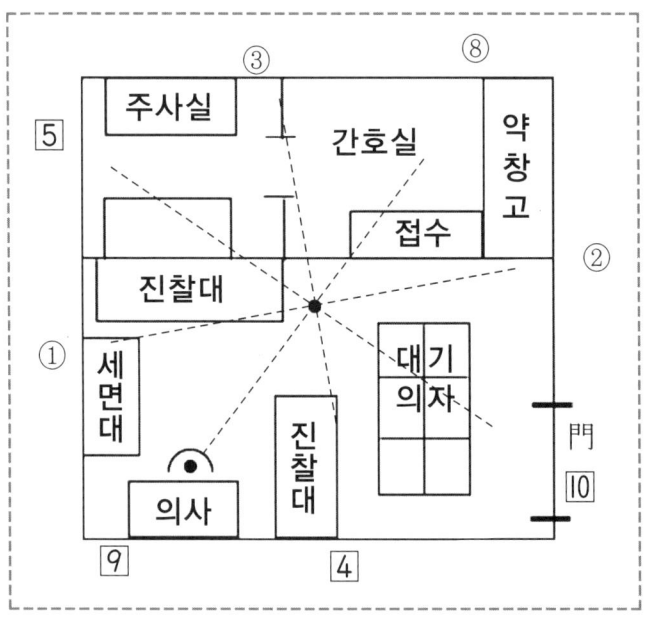

2) 접수대는 ⑧번과 ②번에 배치되었다. 참으로 좋은 자리다. 접수대는 경리자리니 경리자리로서 ②, ⑧번이 제자리로 좋은 자리다. ②, ⑧은 재궁이니까.

문 : ②, ⑧번은 서사택 구성에 흉(凶)방향이 되는데요?

답 : 더 좋은 자리라고 할 수 있다. 아까 의사선생 자리를 [9]번으로 옮기면서 ①번의 흉방(凶方) 자리를 세면대로 놓으면서 설기했으니까 그 다음 남은 방호를 쓰는 것은 도리어 더 좋은 기적이 일어나기도 하는 이치가 음양오행(陰陽五行)의 조화이니까요.

(3) 10번 門에 ②번 주인자리

★ 흉가 배치

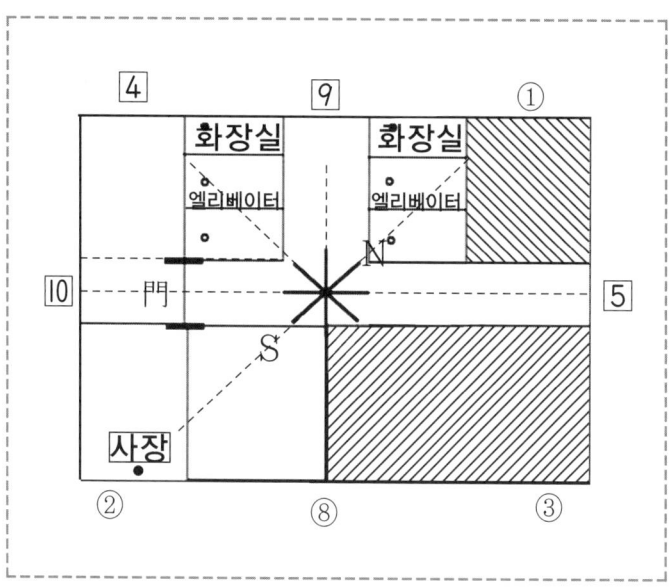

문 : 우선은 10번 문 ②번 사장 자리로 흉가 배치가 되고 도형과 같은 고층빌딩에 어느 한층 전체를 사무실로 임대하였다. 사장실의 배치법을 어디로 하여야 복가 배치가 될까요?

답 : 건물내(建物內)에서 보는 요령
1) 이 집은 어떻게 보면 도토마리 집과 같이 생겼다.

● 속담에(도토마리 집에서 잘사는 것 보았는가?) 하는 말이 있듯이 이 사무실은 도토마리에 해당되어 어느 곳에 사장위치를 하여도 매사불성으로 실패하게 되어 있다.

● 도토마리는 H자와 같은 모양을 말함인데 쌍기두(주위치)가 되어 대립관계로 망한다는 뜻이다.

● 그러니 사장 위치를 정할 수 없다는 것이 정답이 된다.

(4) ⑩번 門에 ②번 사장 위치

★ 복가 재배의 요령

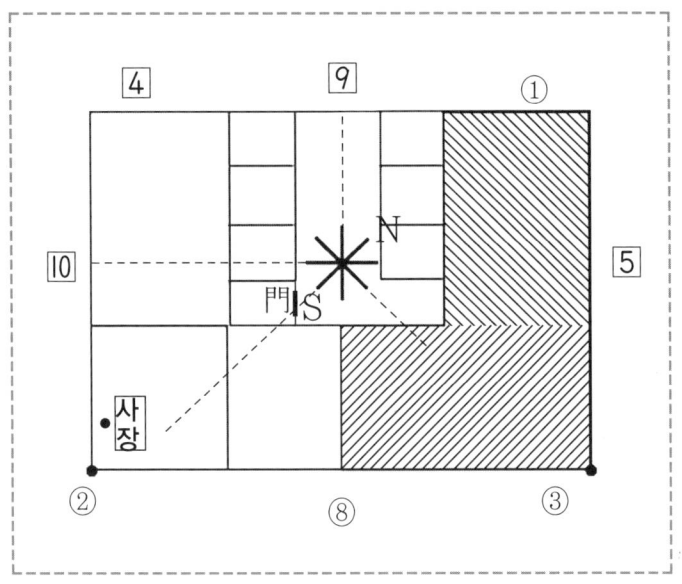

문 : 도토마리형 흉상에 길한 배치의 방법은 없는지요?

답 : 예를 들어 이 그림이 5층이라면 5층에서 어느 편이든 반쪽만 빌리고 또 필요한 반쪽은 다른층(層)에서 얻는다면 얼마든지 좋은 사장위치를 선정할 수 있다.

● 다시 그림에서 해설하면 점선으로 끊겼다면 양쪽 기두가 되는 곳에 칸막이를 하고 기두(起頭 : 主의 뜻)에 맞추어 문을 내면 되는 것이다. (점선대로 반쪽만 빌려야 한다.)

● 더 말할 것은 큰 회사는 기두를 중심으로 사장 위치를 정하지 않으면 회사운영이 부진해 져서 성공할 수 없는 것을 명심해야 될 것이다.

● 사장실이 정해지면 사장실에서 패철을 고정하고 ②번이 기두(주위치)이니 ②번에 맞는 출입문을 내게 되면 동사택(東舍宅) 구성이 잘 될 것이다.

(5) ⑩번 門에 ③번 사장 위치

★ 흉가 배치를 길한 배치로 개수

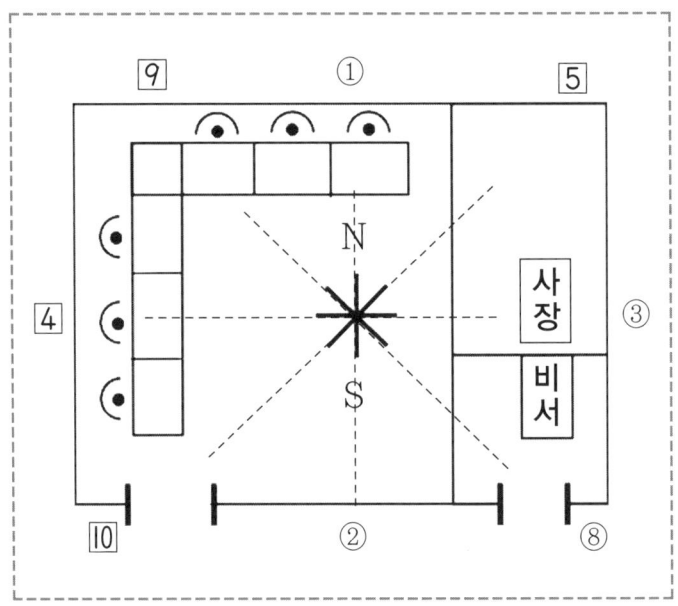

문 : 이 도면상의 길흉화복(吉凶禍福)은 어떻게 되나요?

답 : 이 그림은 파산을 면치 못할 구조로 되어 있다. 내란에 나라가 망한다는 이치와 같이 구조는 회사 내부 분쟁으로 망하게 되어 있다.

1) 이 회사는 [10]번 문이 크고 ⑧번 문이 적다. 이와 같을 때는 큰 출입문 주 위치로 서사택 (西舍宅)으로 구성해야 하는데

2) ⑧번 문에 ③번 사장자리로 문(門)도 적고 사장 공간 도 작은 데다가 동사택(東舍宅)이 구성되는 관계로 서사택(西舍宅)의 흉(凶) 방의 강한 기세(氣勢)가 동사택(東舍宅)이 미약하게 구성한 것을 한 칼에 베어버리는 격이 되었다.

● 현 구조에서 [10]번 문을 봉해 버리면 서사택 방위는 죽은 흉방이 되고 동사택 구성은 생기를 얻어 강한 동사택 구성으로 살아난다.

3) 또 어느 사무실이나 중앙점에서 패철을 놓고 보면 8괘가 꼭 같은 방위를 갖게 되는데 그 기(氣)의 힘은 같으나 그 중 출입문이 있는 방향의 힘이 가장 기(氣)의 힘이 세다고 보는 관계로 출입문이 있는 방향 괘상 에 맞춰서 동, 서사택에 해당되는 대로 동,서 사택을 꾸미는 것이다.

(6) ⑩번 門에 ④번 주인자리

★ 건물의 흉가

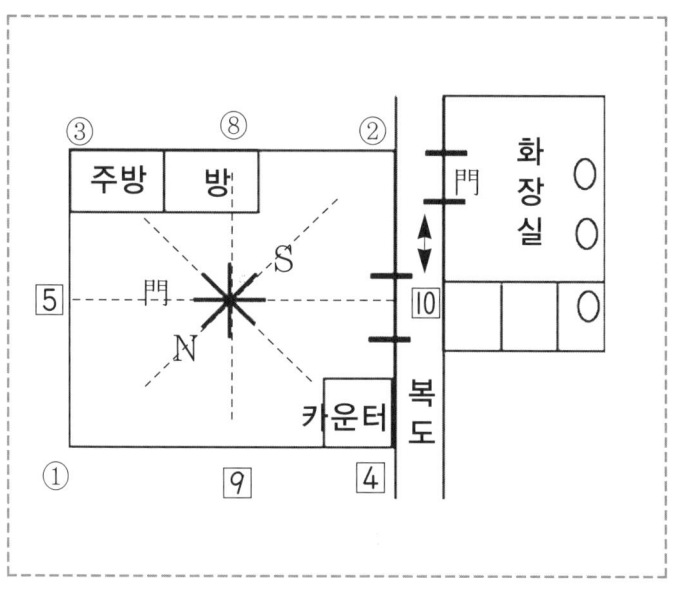

문 : ⑩번 문에 ④번 주인 자리는 서사택(西舍宅)에 가장 길한 영업장소의 배치가 되었다. 그러나 이 장소에 다방을 하다가 마침내는 손님이 없어 실패하였는데 잘못 된 자리배치의 이치를 알려 주시오.

답 : 8괘법이 우선이 아니다. 사무실을 선정할 때나 장사터를 선정할 때도 풍수이치에 따라야 한다.

1) [10]번 문 앞에 화장실 문이 있는 것이 큰살(大殺)격이다. 그것만 가지고도 어느 사업이든 파산을 면치 못할 것이다. 어쨌든 거래하는 상대나 찾아와야 할 손님의 발길이 끊어지게 되어 있고 혹 종전에 거래처도 서로 만나면 싫어지게 되어 점차 망하게 되어 있다.
어느 업소 어느 가정집이나 대문처가 귀의 상징이라 영업의 흥패가 문에 매어 있기 때문이다. 문 주위를 깨끗이 해야 할 것이 요구된다.

2) 가장 중요한 방房이 [8]번에 있는 것이 또 살격이다. 또 [8]번 목(木)이 문인 [10]번 토 (土)를 극하니 손님을 쫓아버리는 격이 되니까 모든 사업이 안 되게 되어 있다.

3) [10]번 문은 노모토(老母土)로서 쇠약하니 경영이 부진한 괘요, [4]번 카운터는 소녀금 (小女金)으로 사업을 받아들이는데 너무 미약한 관계로 발전이 없었다.

(7) ⑩번 門에 ⑤번 사장자리

★ 복가 배치의 길흉론

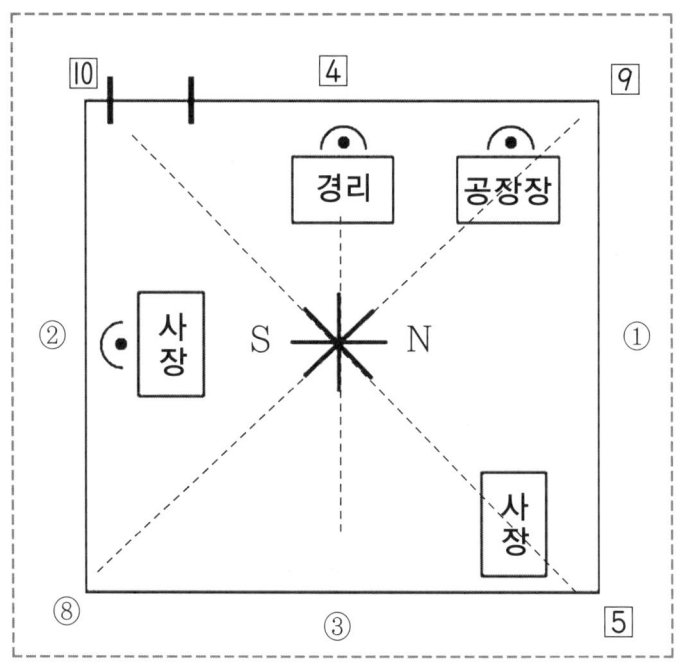

문 : 소기업인데 대문은 ⑩번이고 사장자리는 ⑤번에 위치했을 때의 길흉화복은?

답 : ⑩번 대문은 ⑤번 자리 밖에는 없다. 그것도 소기업을 운영한다면 사업이 반짝할 것이고 구두쇠 소리를 들으면서 재산이 모일 것이다. 그러나 대기업에 손을 댔다가는 일조 파산의 해를 면치 못할 것이다.

1) 이를 해설해 말한다면

● 老母가 生男한 卦象이다. 그 기쁜 정신으로 사업이 반짝하고

● 소기업이란 … 사장자리가 소남(少男)으로 경륜이 부족해서 소기업의 이치이다.

● 구두쇠란 … 원래 노모는 주모가 있어 구두쇠이다. 재산이 모이는 것은 대문 방호가 노모의 재궁(財宮)이 되어 그러하다.

● 대기업의 일조 파산이라 한 것은 … 경륜이 없는 少男의 기(氣)에다 경영을 담당한 대문 이 늙은 '음'이니 시대 발전을 따라갈 수 없는 이치가 해설된다.(이는 주역 8괘의 해석 방식이다.)

※ 같은 그림 연결로 보기

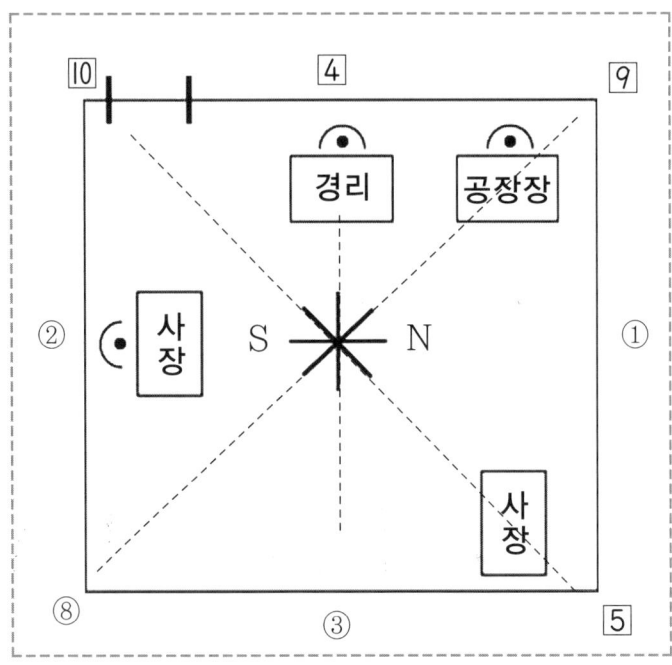

※ 그러나 10번 대문의 ⑤번 기두로 가정주택이라면 행복한 가정에 구두쇠 부자가 되는 자리이다. 공장장은 제짝에 궁합이 맞는 ⑨번에 배치하면 위대한 괘상이라 공장에 혹 불량 직원이 다소 있더라도 통솔이 잘될 것이다.

2) 상무는 ②번 자리가 적격이다. 공장장이 강한 자리에 위치했으니 ②번 위치라야 융화가 되고 둘째는 경영을 담당할 위치인 ⑩번을 생 해주는 역할을 할 수 있기 때문이고 셋째는 사무실이 복가 배치가 되어서 흉 방인 ②번에서 기적이 일어나 하루아침에 거부가 되는 꿈도 가져볼 수 있기 때문이다.

3) 경리자리는 ④번으로 해야 격이 맞는다. 사장자리가 소남토(少男土)이니 제 짝인 소녀금(少女金)에다 해야 조화가 되고 또 ④번은 음방향에 재궁이니까 많은 돈을 흡수 할 능력이 있다.

(8) [10]번 門에 ⑧번 주인자리

★ 이비인후과 길흉론(배치의 요령)

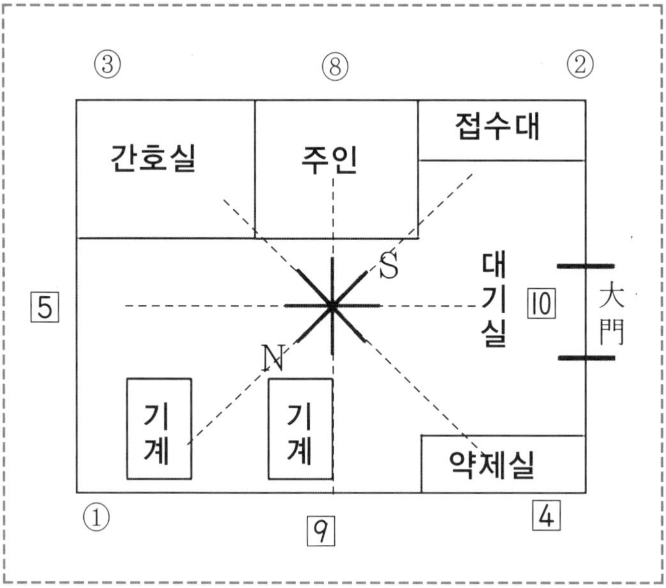

문 : 이비인후과에는 의사가 기계 옆에서 근무하는 일이 많은데 주(主)위치가 주인실 또는 기계 있는 곳 중에 어느 것인지요?

답 : 동서 사택의 구분은 주인 실로서 주(主)를 삼는 것이다.

1) 그렇게 되면 [10]번 門에 ⑧번 주인자리는 불배합이 된다. 매사불성을 면하기 어렵다.

2) 단, 의사가 온종일 기계 옆에서 근무하는 자리도 중요하니 길한 방위를 선택해야 함은 물론이다.

★ 길흉화복(吉凶禍福)

● ③번 간호실 장남목(長男木)은 [10]번 대문 노모토(老母土)를 극하니 찾아오는 손님이 점차 줄어들 것이다. 대문 방향을 극하는 이치가 있어서 그렇다.

● ②번 접수대는 남쪽 화(火)의 방위다. 대문 土를 生하니 개업 5년 간은 접수거래가 많아지나 5년이 지나면 극으로 변한다. 5년 대문 토(土)의 기운으로 본 것이다.

● [9]번 기계 좋다. [9]번 노부금(老父 金)을 대문 노모토(老母土)가 생(生)하는 이치이니 [9]번에서 근무하는 관계로 현상유지가 될 것이다. 그러나 그것도 오래가면 점차 약해져서 고전하게 된다. 이비인후과 병원이 크면 9년을 견디고 소규모 개인의원이라면 4년에서 반짝할 뿐이다.

1) [4]번 방향 약재실을 접수실로 사용하면 손님이 미인을

만나는 기쁨으로 많은 손님이 올 것이다. 4번 소녀금(少女金)은 미인의 상징이 있는 곳으로 보여지고 또 재궁이라 많은 돈을 벌 것이다.

★ 같은 그림 연결로 보기

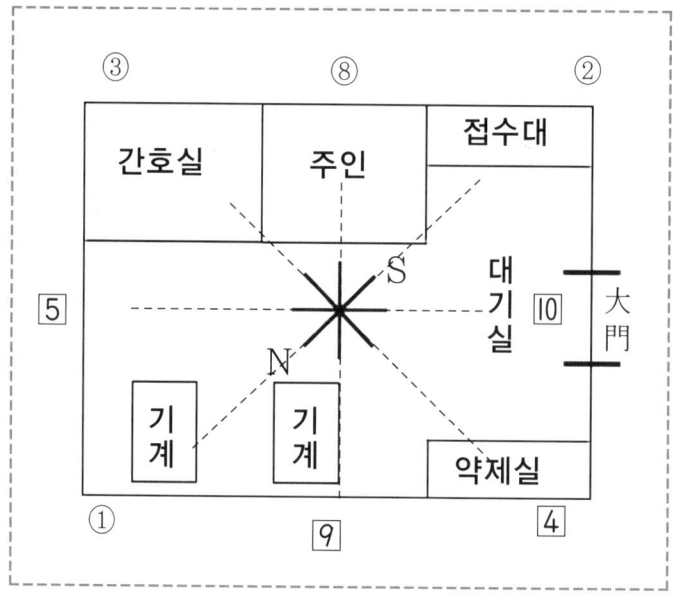

2) ⑨번 기계가 놓인 곳을 칸막이로 하고 주인자리를 꾸미면 대문과 좋은 짝이 되어 크게 번창할 것이 약속되는 자리이다.

3) 노부금 주(主)에 노모토 대문은 가장 위대하고 신뢰있는 곳으로 추앙받는 자리라 얼마든지 큰 병원으로 발전이 될 것이다.

4) 기계실은 ⑤번으로 하면 찾아오는 환자들의 병이 속히 완치되고 그 소문이 널리 퍼지는 역할도 되는 곳이고 병원발전이 빨리 되는 곳이 ⑤번의 성정이다.

(9) ⑩번 門에 ⑨번 사장자리

★ 복가 배치의 길흉론

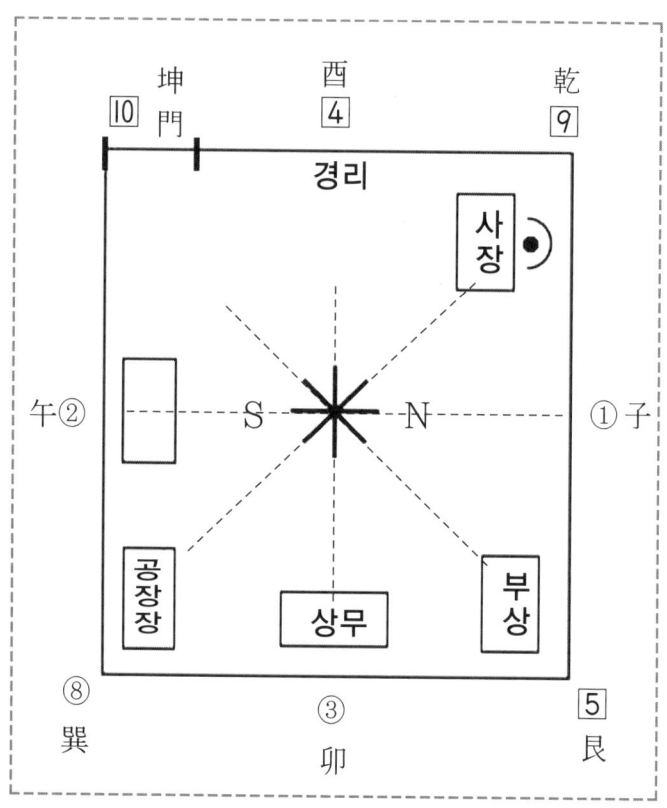

문 : ⑩번 방향 출입문에 ⑨번 사장자리 배치법, 이 보다 더 좋은 방법은 없을까요?

답 : 좋은 배치가 되어 큰 발전을 기대할 수 있으나 더 좋은 배치는 ⑨번이 출입문이 되었다면 문이 양(陽)방향이 되어 대기업으로 진출될 것이 기대되는 괘이다.

1) 다시 말하면 가정집은 ⑩번 대문에 ⑨번 주 (主)위치일 때 복가배치가 되고 재산이 많이 모이는 괘이고 한편 큰 출세도 기대 되는 곳이다.

2) 사업 사무실은 ⑨번이 문이라야 하는데 ⑩번이 문이니 대성할 수 있는 배치라 할 수는 없다. 다만 현상유지 또는 잘된다 라고 볼 수 있다.

3) 그러나 절대 실패하는 법은 없다. "배합사택이 되었기 때문이다."

4) 그러나 사업이 크면 ⑨번 대문을 해라. 왜냐하면 ⑩번 곤坤은 노모(老母)가 상징되고 ⑨乾은 노부(老父)가 상징되니까 팔괘 중 제일 큰 괘상으로 큰 기업을 감당할 수 있다는 말이다. 사무실 문이 양(陽)이라야 더 크게 발전한 다고 보는 것이니까.

★ 같은 그림 연결로 보기

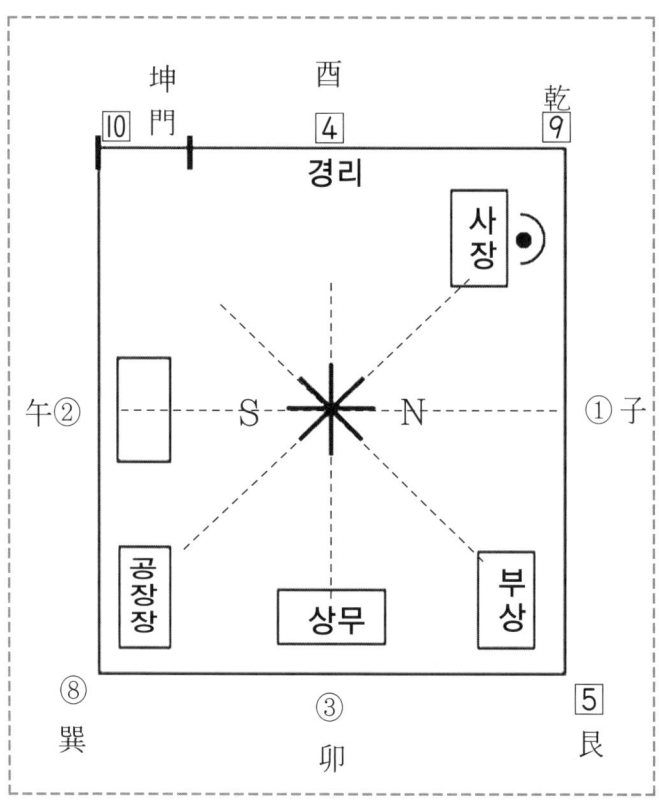

5) 직원들의 재배치는 [10]번과 [9]번이 구성되면 동사택 방향에 어디를 사용해도 무방하나 안전을 고려하여 ①번 자리를 사용하지 말고,

6) 상무는 활동력이 많은 직책이니 ③번에 배치하면 적격이 되겠다.

7) 부장은 [5]번이나 ②번 자리가 적격이다.

- [5]번은 서사택(西舍宅)에 궁합이 맞는 자리고,

- ②번은 중녀 화(火)에 속하여 [10]번으로 화생 토(火生土) 하는 이치에다가 서사택(西舍宅)의 정상 배치가 되어 기적적인 행운이 따를 수도 있기 때문이다.

- 공장장은 ⑧번에 위치해도 좋다. ⑧번은 서사택(西舍宅)에 대한 흉방이나 서사택(西舍宅)이 완전 구성되었을 때 흉방을 사용하는 것은 더 좋은 기적이 일어나는 이치가 있다.